张勇的谜

海底捞的那套办法

章　岩◎著

HAIDILAO

▶著名企业家王石：海底捞的许多管理方法，都值得万科学习◀

HUOGUO

中国财富出版社

图书在版编目(CIP)数据

张勇的谜：海底捞的那套办法 / 章岩著.—北京：中国财富出版社，2016.1
(2021.6 重印)
ISBN 978-7-5047-5861-3

Ⅰ. ①张… Ⅱ. ①章… Ⅲ. ①饮食业—商业经营—经验—中国
Ⅳ. ①F719.3

中国版本图书馆CIP数据核字(2015)第206891号

策划编辑 宋 宇　　责任编辑 白 昕 杨 曦
责任印制 梁 凡 郭紫楠　　责任校对 杨小静　　责任发行 白 昕

出版发行 中国财富出版社
社 址 北京市丰台区南四环西路188号5区20楼　邮政编码 100070
电 话 010-52227588转2098(发行部)　010-52227588转321(总编室)
010-52227588转100(读者服务部)　010-52227588转305(质检部)
网 址 http://www.cfpress.com.cn
经 销 新华书店
印 刷 三河市天润建兴印务有限公司
书 号 ISBN 978-7-5047-5861-3/F·2459
开 本 640mm×960mm 1/16　　版 次 2016年1月第1版
印 张 15　　印 次 2021年6月第2次印刷
字 数 195千字　　定 价 55.00元

PREFACE

前言

“顾客就是上帝！”这句不知道被说了多少年的话始终也只是一句苍白的口号。究竟有多少商家真正肯把顾客当成“上帝”一样对待？而今，一个火锅店却让许多人发出了这样的感叹：“在海底捞，真的感觉自己就是上帝！”

海底捞究竟有多神奇，让我们来看几个真实的“传说”。

有一位顾客在海底捞只打了一个喷嚏，服务员就吩咐厨房做了碗姜汤送来。

某海底捞外卖员忘记带免费水果，致电给买家询问口味后，直接在隔壁超市买了一个哈密瓜上门。

一位顾客临走时随口问了一句：“怎么没有冰激凌？”5分钟后，服务员拿着“可爱多”跑来：“让你们久等了，这是刚从超市买来的。”

饭毕离座，当你还深深沉浸在海底捞无微不至的服务中时，他们还有一招杀手锏让你再次拜倒在“海底捞”三个字之下。某次半夜吃完夜宵出门，服务员追了出来，难道是刚才账未付清？原来是服务员捧着打包的三杯酸梅汤说：“怕你们路上口渴，帮你们打包路上喝。”

有网友调侃，如果男女朋友约会，千万不要去海底捞，因为无微不至的服务绝对会让男友失去所有献殷勤的机会。

这些听起来不可思议的服务，其实只是海底捞万千花样中的一部分。海底捞凭着自己的“变态服务”赢得了一批又一批老顾客，更靠着口耳相传的神奇口碑吸引了无数新顾客。

那么,是什么样的领导者创造了这样的"变态服务"?他又到底施了什么样的"魔法"让这些来自全国各地,甚至没受过高等教育的青年变成了热情大方、踏实工作、举止得体的员工?

本书旨在通过海底捞的真实案例,辅以通俗易懂的文字诠释,配合其他成功企业的故事,为读者揭示海底捞成功的秘密,展现海底捞的企业文化和品牌特色,并总结出提升客户满意度的切实可行的策略,为广大创业者、企业管理人员和渴望成功的有志青年点亮一盏心灯,也为一些还在彷徨的人指明一个方向,树立一个榜样,提供一种借鉴,望读者在深入阅读后,灵活运用于自己的工作中!

CONTENTS

目录

第一章

服务之道:心情好胃口自然就好

1.爱人者,人恒爱之

在竞争如此激烈的餐饮市场中,众口难调,想要给顾客一种满意的体验,让顾客持续光顾,本就是件很难的事情,但是,海底捞不仅做到了,而且做得更多。

顾客对海底捞服务方面的总结有很多,比如,如果你点的菜太多,服务员会善意地提醒你已经够吃了;如果随行人数较少,他们会建议你点半份;服务员手脚麻利,有问必答;假如你是在包间用餐,会有一名固定的服务生为你服务;同行的人里如果有孕妇,服务员会特意送一盘泡菜给孕妇,分量还不少;遇到某位顾客说特别喜欢店内的某种免费食物,服务员二话不说就会给他单独打包一份让他带走……这些服务,不仅让海底捞的顾客满意,更给他们带来了一份惊喜和感动,因为这是在其他餐饮店里享受不到的。

“爱人者,人恒爱之。”这正是海底捞服务的伦理基础。因为服务旨在帮助顾客,解决顾客遇到的不便,给顾客带去便利和舒适。如果缺乏爱心,一切都会变得冷冰冰的,即使产品、服务质量再好,也无法让顾客喜欢,而只会被认为你是为了得到金钱的回报。

在一个寒风刺骨的夜晚,一对上了年纪的老夫妻敲开了路边一间简陋旅店的门,但很不幸,这间小旅店已经客满了。

“这么冷的天气,我们该住在哪里呢?我们已经找了十几家旅店了,每家都没有空房。”望着店外阴冷的夜晚,这对老夫妻哀叹道。这时,店里的小伙计看两位老人岁数已经很大了,实在不忍心让他们再受冻,便让这对老夫妻睡在自己的床铺上,而自己在大堂打地铺睡了一晚。

这对老夫妻非常感激,第二天离店时,坚持要求按照客房的价格给小伙计付钱,但那个小伙计拒绝了。临走时,老夫妻开玩笑似的说:“你经营旅店的才能足够当一家五星级酒店的总经理。”

“这倒不错,那样,我的薪水就可以让我的母亲安享晚年了。”小伙计也开玩笑地随口应和。

两年后的一天,小伙计收到了一封来自纽约的信,信中夹有一张去纽约的往返机票,邀请他拜访两年前的那对老夫妻。小伙计应邀来到纽约,老夫妻把小伙计带到了第45大街和第34大街交会处,指着那儿的一幢摩天大楼说:“这是一家专门为你兴建的五星级酒店,现在,我们正式邀请你来当总经理。”这就是著名的奥斯多利亚大饭店经理乔治·波菲特和他的恩人威廉先生一家的真实故事。

在服务中充满爱心,不仅能让客户感到幸福,也能让自己在工作中获得内心的愉快和平静。付出了爱，也必将被爱，这是相互的。

史密斯先生刚搬家不久就遇到了一次意外，他不到4岁的儿子在附近玩耍时走失了。眼看着天慢慢黑了，全家人分头出去寻找，他们走遍了大街小巷，但始终没有找到。

全家人深陷在恐惧中，周围的邻居有些已经进入了梦乡，但史密斯太太仍在大街上痛苦地呼唤着儿子的名字。史密斯先生则不断地往返于家和附近商店、公园之间，以防儿子回家却无人知道。

这次，史密斯先生又往家赶。途中，他看到了警备公司的一个安保人员，便气喘吁吁地问他："有没有看到一个小男孩？"那个安保人员意识到这位先生家里出了事情，便向史密斯了解了相关的情况，并索取了一张小男孩的照片，在深夜里加入了寻找的队伍。他凭借着对附近的熟悉和工作经验，终于在两个小时后在一个小公园里找到了史密斯的儿子。

当全家人抱着小男孩激动不已时，那名安保人员却消失在了夜幕中。第二天，这个警备公司接到了一个电话，一位先生想要雇用一位安保人员，就是昨天深夜帮助他寻找到儿子的那个人。

爱心是打动顾客的诀窍，是唯一可以让顾客跳出交易而信任你、感激你、愿意与你友好的因素。顾客服务其实就是在经营一个"感觉"事业，而最重要的经营工具就是爱心。

海底捞认为：当你付出爱心的时候，你自己也会被爱，并最终得到成长。与此同理，所有的事情，所有的生意，都是以相互间的关系为基础的，而良好的关系是建立在信任、尊重、理解、感激、宽容和友爱的基础之上的。

2.顾客不是上帝，而是家人

“顾客就是上帝。”这句话被企业喊了很多年。上帝代表什么？代表着至高无上的地位和尊严。但是，比起将顾客视为上帝，海底捞更愿意将其视为家人。因为上帝总有一种高高在上的感觉，若将顾客当作上帝一般来对待，无形中就会在顾客和服务者之间形成一种距离感，不利于双方的交流，服务员也就无法更好地满足顾客的消费需要。而将顾客视为家人，能够拉近彼此的距离，更有助于服务员了解顾客的心理需求，从而提升服务质量，使服务真正走进顾客的心里。

我们来看海底捞的就餐流程：

顾客刚到店门口，已经有服务员热情地迎了上来：“先生，您好！您是来用餐的吗？”

得到顾客的肯定之后，服务员马上会在前面引路，将顾客引进大厅。

顾客进到大厅，别的服务员迎上来，接替刚才的迎宾员，将顾客带到用餐的餐桌前。如果就餐区座位已满，服务员会带顾客到专门的等位区等待。

在等位区，有扑克牌、象棋、可以上网的电脑，服务员穿梭其中，手里端着盛有各式各样的水果、点心的托盘，微笑着走向顾客的桌子。

开始就餐，由于火锅的热气大，顾客的眼镜会被热气蒙住，这时，餐桌边的服务员就会给顾客递来一块眼镜布。

在就餐的过程中，不等顾客杯子里的水喝完，服务员就会主动上来给顾客斟满。

当顾客问服务员洗手间在哪里时，服务员会回答："先生，我带您去。"

洗手间打扫得非常干净。顾客出来，刚走到洗手台前，旁边的服务员已经帮他拧开了水龙头。

顾客洗完手，一个服务员微笑着递过来一张擦手纸。然后，顾客还能看到棉签、皮筋、牙刷、牙膏、大宝护肤品、摩丝、梳子等供顾客免费使用的生活用品。

最后，一个顾客结完账，临走时随口问了一句："有冰激凌送吗？"

服务员回答："请您等一下。"

5分钟后，这个服务员拿着"可爱多"气喘吁吁地跑回来："您的冰激凌，让您久等了，这是刚从超市买来的。"

这一个个的场景，让你感受到了什么？是不是有一种受到家人般关怀的温暖感觉？

家人的概念是什么？在一个家庭中，每个家庭成员都会感受到家的温暖，彼此关爱，互相关心，平等相待，而我们的顾客对企业来说不正是如此吗？

企业的生命靠谁来支撑，是靠企业的产品吗？是靠企业的品牌吗？是靠企业的形象吗？都不是。它靠的是消费者。产品再好，没有消费者购买，企业靠什么获取利润？又怎么能实现产品的价值，实现企业的价值？这一切都表明，消费者和企业之间是彼此支撑、互相依存的关系。这就和一个家庭一样，家中的每个成员之间都是彼此依偎、互相支撑的。

一次，王磊和家人外出旅行，由于前一天去登山，回到宾馆已经筋疲力尽，第二天一觉醒来已是中午。其他客人都在用午餐，王磊尝试着给服务总台打电话，问还有没有早餐吃，一张早餐券可要三十几元呢，不吃不是浪费吗？而且由于刚起床没有食欲，他们只想吃点稀饭之类比较容易消化的食物。

当然，王磊在打电话前已经做好了最坏的打算，他觉得服务员八成会说："现在是什么时候？早餐在上午10点就结束了。"但出乎意料的是，服务员十分客气地问他："现在已经到吃午餐的时间了，您为什么想吃早餐呢？"

于是，王磊解释了一番，服务员当即表示十分理解，并告诉他说，按酒店规定，早餐在10点之后厨房便会处理完毕，这时候要想吃早餐，需要特意去做。王磊听后虽有些失望，但转念一想，这也是情理之中的事，便告诉服务员说："那就算了，我们随便喝点牛奶什么的吧。"

"那怎么行？不吃东西会坏身体的。这样吧，您等几分钟，我请示一下我们的经理，看看能不能为您做早点。"5分钟后，房间的电话响了，服务员告诉王磊说，厨房答应为他们做早餐，不过他们的用餐地点要改在小餐厅，以免其他客人误会，会使他们感到尴尬……

王磊全家人都被这种人性化服务感动了，后来，王磊出差又去过那个城市几次，那家宾馆成了他住宿的首选。

是家人，就要享受家人的礼遇；是家人，就要把顾客当成家人一样来尊重；是家人，就要让消费者体验到家的感觉。因为只有这样，家人才会愿意回报这个"家"为他所做的一切，才会愿意反馈他的"家庭"，顾客才会愿意将自己辛苦挣来的钱交给这个"家"。

3.超越顾客的期望值

张勇认为，服务的目的是不断使顾客保持长期满意而惊喜，不断超越顾客的期望。只有超越顾客的期望，顾客才会忠诚，才会再次光临，并且带来新的顾客。

海底捞的员工听到某位小朋友在就餐前说："哎呀，这个小蚕豆真好吃。"当就餐结束后，服务员走到他们身边说："这位大姐，刚才听您的孩子说小蚕豆挺好吃的，我特意让后厨给您包了一小盒，您让孩子回去慢慢品尝，欢迎经常光临我们海底捞。"顾客问要不要钱，服务员面带微笑地答道："大姐，我们这是免费的，欢迎再次光临我们海底捞。"这位大姐左手拿着蚕豆，右手牵着孩子，心想：下次一定要再来海底捞。

此举虽然多花了些成本，但赢得了顾客的心。

一天下午，12岁的怀特在父亲的家具店里打扫卫生，这时，一位老妇人走了进来。怀特问父亲，可不可以由自己来接待她。父亲回答："就看你了！"

"我能为您做点什么吗？"

"噢，是这样的。我以前在你们店里买了一张沙发，可现在它的一条腿掉了。我想知道，你们什么时候能帮我修好？"

"您什么时候买的？"

"10年前了吧。"

怀特对父亲说："这位顾客想让我们免费为她修理10年前买的

旧沙发。”父亲吩咐怀特告诉她,下午就到她家里去修沙发。

下午,怀特和父亲给那位老妇人的沙发换了一条腿,然后就离开了。在回家的路上,怀特一声不吭。父亲问:“怎么了,为什么不高兴?”

“假如我们总是这样跑大老远地给人免费修沙发,到头来能挣几个钱呢?”

“不能这样想,你得尊重你的顾客。况且,学着做一些修理活儿对你没有坏处。另外,你今天错过了最重要的一个细节。我们把沙发翻过来后,你有没有注意到那上面的标签?其实,这张沙发不是从我们店买的,而是从西尔斯家具店买的。”

“你的意思是,我们为她修理沙发,一分钱不收,而她根本就不是我们的顾客?”

父亲看着怀特的眼睛,郑重地说道:“不!现在,她是我们的顾客了。”

两天后,那位老妇人再次光临。这一次,她从怀特父亲的店里买走了价值几千美元的新家具。

如今,怀特在销售行业已经干了30多个年头了,他一直给不同的公司做销售代理,而他的销售业绩始终是最好的。

“做事要超过别人的期望值”,这是一条重要的做人经验,也是一条重要的服务经验。

一位旅客对服务员说:“我是第一次来这个城市,明天想到某某地方办事,可以麻烦你给我买一张地图吗?”

服务员说:“当然可以。请您稍等一下,我马上拿给您。”

过了一会儿,服务员拿来一张地图,微笑着说:“我们这个城市的交通线路比较复杂,我给您说说比较方便的行走路线吧。”

旅客当然求之不得。

于是，服务员将地图摊放在茶几上，先用铅笔标出酒店所在的位置，再标出客人想去的位置，然后告诉他，哪几路公交车可以到达，并且建议他走一条比较远的路，因为近路红灯多、塞车多，远路比较畅通，用时反而较少。

第二天，这位旅客按照服务员指点的路线坐车，非常顺利。办完事后，他有意从另一条路返回，果然一路红灯不断，多花了将近一个小时。要是去的时候走这条路，对办事多少会有影响。他意识到服务员提醒的价值，特意去向她道谢，还在顾客留言簿上写下了好几百字的感谢信。

在规定之外把工作做得更细致一点，顾客的麻烦就会少一点，这样，他们对我们的满意度和信任度也会高一点。做生意其实没有特别的诀窍，就是靠这一点一滴积累出来的。

4.无微不至的责任感

在21世纪的今天，各行各业都在竞争的旋涡中搏击着。胜利的人笑了，在国际市场的舞台上大放异彩；失败的人则黯然离去，甚至销声匿迹。在新的市场格局下，以服务为核心的竞争已经正式拉开帷幕。然而，服务周到，说起来简单，但做起来却并不容易。一个温暖的微笑、一句真诚的话语、一个关怀的眼神都是服务周到的表现，而其背后更是一种责任的体现。

有一位顾客在上火车前,和几个朋友在海底捞吃火锅。朋友相聚,自然是话语投机,把酒言欢,再加上海底捞提供的无微不至的服务,更是让这位顾客忘记了要赶火车的事。吃完饭后,拖着行李箱出来,顾客才发现时间已经不多了。他站在马路边焦急地招出租车,无奈正是晚饭点前后,来往的出租车都载了客。眼看着时间一分一秒地过去,顾客的心情越来越焦灼。海底捞的门迎服务员看见这位顾客焦急的样子,主动上前询问,随后便把顾客要赶火车的事告诉了店长。店长二话不说,直接从车库开出了自己的车,亲自送这位顾客去了火车站。

如果上面的事例还鲜有人知,那么下面这件事情,早已经在网络上疯传。

一位名叫"双日木闺女"的网友在微博上写道:"一大早肚子狂痛,不会是因为昨晚的海底捞吧?"不到几分钟,海底捞就在微博上注意到了这条消息,很快就联系上这位网友,询问痛感是不是厉害,并劝网友去医院检查一下,费用全由海底捞报销。不仅如此,海底捞还在留言中询问这位网友的地址, 说会让最近的海底捞员工赶过去,带着网友去看病。

这样的事例不胜枚举,这几位员工也仅仅是海底捞员工大军中的沧海一粟,反映出的却是海底捞无微不至的责任感。只有当一个人对企业产生了强烈的责任感时,才能真正做到乐在其中,用心其中,将企业的价值理念准确地传达给顾客。

一位顾客在商场里买了一瓶酒,结账时递给服务员一张美国运通公司的信用卡。服务员打电话核实这张信用卡时,对方的电话占线，过了好几分钟才接通。得到证实后，服务员办理了结算手续。还卡时，他取出一粒薄荷口香糖放入食品袋中，诚恳地对顾客说："非常抱歉，耽误了您的时间，简直不可饶恕！希望今后再也不会发生这样的事。我们非常看重您的惠顾，欢迎您下次光临！"

事后，这位顾客感慨地说："他赢得了我终生的信任，我成了这家商场的常客。"

美国运通公司的电话占线并非服务员之过，但他却把这个责任承担了下来，非但没有抱怨运通公司耽误了自己的时间，还主动向顾客道歉。虽只是5美分的口香糖，却给顾客留下了真诚尽责的好印象。

在遇到类似的情况时，服务意识不强的人会怎么做呢？有的人会想这不是我的错；有的人则将它视为正常现象，根本意识不到已让顾客等了太久的时间，不会有任何表示；有的人会因为等电话太久而感到烦恼，潜意识中认为这是顾客给自己造成的不便，因而心生不悦。

毫无疑问，按上述几种方式处理问题的人，还不具备一个优秀服务人员应有的负责任的态度。

服务人员应该认识到，让顾客高兴而来、满意而去，是自己义不容辞的责任。顾客在我们的工作场所遇到任何不便，我们都有义务帮助他们处理问题，安抚他们的情绪，而绝不可抱有"事不关己、高高挂起"的想法。

在诚信度缺乏的今天，没有什么比负责任的态度更能打动顾客的心了。这意味着顾客的利益将得到充分尊重，顾客的心情将得到细心呵护。做到这些，他们才会放心地将生意交给你。

5.用细节赢得顾客的心

对企业来说，只有做足每一个细微之处，才能在市场竞争中取得成功。细节决定成败。一心渴望成功、追求成功，成功却杳无踪影；甘于平淡，认真做好每个细节，成功往往会不期而至。

海底捞董事长张勇是一个细致得甚至有些严苛的人。有一次，张勇同海底捞的员工一起打篮球，无意之中发现有一只篮球破损了。于是，他交代门卫："你和采购员说一声，让他买只新的。"但是，10天过去了，张勇发现那个破篮球还是没有换掉。于是，他特意催了下门卫。

一周后，当看到放在原地的破篮球时，张勇发怒了："现在只是要一个篮球，怎么过了这么久都买不回来?"事实上，在这件事情上，采购员并没有什么过错。因为采购东西需要凭借采购单来办理，而张勇只是通过门卫口头传话，采购员觉得不合程序，所以没有执行。

但张勇把这件小事看得十分严重。在他看来，采购员得到信息的时候应该第一时间申请采购单或者向主管请示。而他竟然对此事置之不理，这显然是缺乏工作热情的表现。如果员工以同样的态度对待顾客，那将会对海底捞造成极大的损害。

正是张勇"小题大做"的风格造就了一个细致入微的海底捞。对于服务行业而言，细节最能打动人。

在北京，所有服务业的发票都是机打的，开票和出票需要一定的时间。大多数餐厅会在收银台办理收费和发票服务，如果客流较多，就会增加顾客的等待时间。而海底捞将收银和开发票分开进行，因为并不是每一个在海底捞消费的顾客都需要办理发票，如果将收银和开发票分开，就能够大大减少那些无须发票的顾客的等待时间。

而海底捞等待区中桌椅的摆设也不同于一般餐厅。七八十套桌椅有序地摆放在厅中，每张餐桌都配有3张软面的凳子，顾客可以在等待区尽情享用免费可口的饮料。

许多企业想树立品牌形象，却很少像海底捞一样真正关注关键的细节。

细节代表的是企业服务质量的高低，越是细微之处，越能体现服务的水平，也越能虏获顾客的心。哪怕只是服务人员的一个微笑、一个关怀的眼神、一句真心的话语，都能轻易地让顾客感受到企业的真诚，这比任何说辞都更能打动顾客。

小赵是一家高级餐厅的服务员。餐厅有一个非常特别的惯例，每位顾客在前来就餐前都必须打一个订餐电话，餐厅接到电话以后，会通过各种方式获得这位顾客的基本信息，在顾客到来时，根据顾客的饮食习惯提供最完善的服务。

这一天，小赵负责接待一位王先生。当王先生到来的时候，小赵热情地迎了上去。

“您好，王先生，您订的座位在这边。”小赵笑着把王先生领到一个靠窗的位置。

“嗯，这个位置不错，我就喜欢靠窗的位置。”王先生显然对这样的安排很满意。

“王先生，您忘了，您上次来的时候就是坐的这个位置，我还记得王先生呢！”小赵微笑着说。

“哦，我想起来了，没想到你还记得我！”王先生心中有一种说不出的感动，自己见过一次面的人早就忘了，而对方却还记得自己，这是一件多么不容易的事啊！

“王先生今天想吃点什么菜？”小赵笑着问。

“先上一份红烧鲤鱼和一份青菜，再加一份玉米粥吧。”王先生看着菜单说，他最喜欢喝玉米粥，因为小时候在家，母亲每天都会做给他吃。

“我建议王先生还是吃清蒸鲤鱼吧。红烧鲤鱼有点辣，对胃不好；清蒸鲤鱼清淡一些，是养胃的好食物，相比红烧鲤鱼还要实惠一点。王先生，您觉得呢？”小赵认真地向顾客介绍道，她首先考虑的不是饭店的赢利，而是客户的身体。

“你怎么知道我的胃不好？”小赵句句为他着想，王先生听了很是感动，只是奇怪对方为什么会知道自己的胃不好。

“王先生曾经在这里用过餐，我们都有详细的记录，那时是王先生自己说的，还让把菜做得清淡一点。为了方便王先生下次用餐，我们就记下来了，这样也省得您反复提醒。”小赵认真地说。

“谢谢你，难得你们这么细心，就上清蒸鲤鱼吧！”王先生没想到对方竟然这样细心，很是感动。

“好的，您稍等一下，菜马上就上来。”小赵拿着菜单微笑着走开了。

从此以后，每次来到这个地方，王先生都是在这家餐厅就餐，因为他在这里感受到了家的温暖。

对于企业来说，树立以细致服务为导向的观念是非常重要的。意识到这一点后，管理者才能采用新的营销方式和服务方式去打动客户。那么，如何打造细致入微的服务质量呢？

第一，事前准备资料。一些大客户，在网上一般都能查到其基本信息。拥有这些客户的基本信息以后，在面对他们的时候，你就能做到进退有度，给客户提供他想象不到的完美服务。

第二，事前主动询问。在与客户见面之前，可以有技巧性地询问一下客户信息。这样在某种程度上会让客户感觉到自己被重视，一般情况下，客户都很乐意把自己的信息说出来。不过，在询问的时候一定要把握好技巧，要用一种征求客户意见的口吻询问。有时，问法不对反而会引起客户的反感，比如："请问你有胃病没有？"这种情况是绝对不允许发生的。

第三，事中处处留心。每个人的习惯都有所不同，这些习惯会从一些细微的言行举动中不自觉地流露出来。俗话说："功夫不负有心人。"在接触客户的过程中，只要你留心观察，就一定能发现客户的一些习惯，然后按照他的习惯为其服务，如此，服务的效果一定会倍增。

第四，事后做好记录。对接触过的客户，应及时地对客户资料做详细的记录，以便下次给客户提供服务时不用再大费周章地查询。这样做还有一个好处，就是你可以在客户不提醒的情况下做到让客户满意，这样做能让客户感到惊喜，从而使服务的效果倍增。

记住，在为客户提供服务时一定要投入自己的真实情感，让客户真实地感受到你对他的关心是发自内心的，这样，你的服务才能收到效果。如果你只是把服务当成一种流程，那么，即便你有再多的客户资料也枉然。

6.比别人多做一点点

创业早期,张勇做出来的火锅味道不尽如人意。为了生存下去,他只能在对手较弱的方面下功夫,以弥补味道上的不足。张勇很快发现,上菜速度和服务态度的些许改进就能大大提升顾客的愉悦感,这让张勇受到了极大的启发。他意识到,拥有自己的特色服务是保留和拓展客户的一个极好的方法。从此以后,他一直致力于将海底捞做到与众不同。

在海底捞,如果有顾客是孕妇,服务员会递上柔软舒适的靠枕;点菜时还会免费赠送话梅等开胃小食品。如果有婴幼儿,服务员会第一时间推来儿童椅,用餐结束后还会赠送小礼物。这些服务看似微不足道,但又有多少同行能够做到呢?正是这些点点滴滴的服务汇聚形成了独特的海底捞。

有一次,同桌的两位顾客因为一点儿小事发生了争执,气氛十分尴尬。若是一般的餐饮公司,在这种时刻必然会选择"隔岸观火"。但海底捞的服务员没有"冷眼旁观",他小跑到顾客桌前,变魔术般地送上了一张贺卡和一枝玫瑰。顾客看到后十分感动,之前的不愉快瞬间被"秒杀",自然,这顿火锅最后没有以"不欢而散"而告终。

别的餐厅不会帮顾客擦鞋、带孩子,但张勇卖力去做。这种有别于对手的特色,使得海底捞在餐饮行业的知名度越来越高。

一直到今天,海底捞仍旧延续着张勇的这种理念:"做特色的服务,比别人多一点点。"

相比同等价位的餐饮公司,海底捞对硬件设施的投入更多。比如率先采用机械化清洗方式,甚至和其他餐饮公司共用的卫生间,海底捞都耗费人力物力去维护。这使得海底捞在顾客中始终保持着优质的形象，难怪网上流传着对海底捞的极致评价："人类已经无法阻止海底捞了。"

对于企业而言，只有拥有不同于他人的特点，才能让顾客记住你，在激烈的竞争中脱颖而出。

2013年10月，雅昌集团第7次拿到了美国班尼金奖，这项奖代表着它拥有世界上先进的印刷技术。雅昌集团的前身是一个普通的印刷厂，该厂拥有中国古老的活字印刷术技术。虽说印刷术是中国发明的，但自从传到国外，印刷术在国外的发展速度和水平就远远超过了中国。雅昌不但继承了活字印刷术，还比别人多做了那么一点点，成就了自己的特色。

首先，在传统印刷工艺的基础上，雅昌加入了IT（信息技术）和艺术，将传统的印刷服务与新兴的文化创意结合在一起，实现了文化与服务统一的转型。雅昌建立了"中国艺术品数据库"，包括艺术品库和艺术品收藏人数据库、拍卖机构库等8种数据库群。通过网络数据库，实现艺术品收藏和拍卖等的管理。

其次，在这个网络平台基础上，雅昌又将业务扩展到设计、印刷、出版等多个行业，让印刷业也实现了B2B（企业对企业的电子商务模式）的网上服务以及B2C（企业对消费者的电子商务模式）的产品。

再次，在授权的前提下，雅昌用先进的科技手段扫描真品，复制出高仿真的艺术品，同时加上艺术品的相关历史，达到向普通人普及艺术的作用。这成为雅昌最与众不同的特色，也成为了其从众多印刷同行中脱颖而出的优势。

著名投资专家约翰·坦普尔顿通过大量的观察研究，得出了一条很重要的原理——“多一盎司定律”。他指出：“取得突出成就的人与取得中等成就的人几乎做了同样多的工作，他们所做出的努力差别很小——多一盎司。但其结果，所取得的成就及成就的实质方面，却经常有着天壤之别。”

张勇说：“海底捞的服务是法宝，也是武器。所谓特色，就是你比别人多了一点点，而正是这‘一点点’，为海底捞赢来了口碑。服务是海底捞获得成功的最大法宝，服务也是其与同行竞争最有力的武器。我小时候看过一个笑话，两个兄弟睡在一起，晚上轰蚊子，每个人都只轰自己一边，结果对面的蚊子还是会过来咬自己。消费者不会关注哪里是海底捞，哪里是共用设施，他只会感受到海底捞的环境如何如何。虽然卫生间是一个楼层共用的，但我们海底捞的顾客用得最多，如果其他人不想把它做好，又没有办法沟通，那不如就由我们来做。如果你把精力和时间放在争论上，岂不是很冤？这样做也是为了达成为顾客提供优质聚餐场所的目标。生意好，利润自然就来了。”

当你觉得自己已经完成了任务，先别忙着休息，再主动检验一下，还有没有某个地方可以做得更好？还有没有某个地方有问题？

7.传递快乐也是服务

顾客到饭店里吃饭，最希望获得的是什么感受？当然是放松、愉悦。在外吃饭，图的就是省时、省力、省心，假如还能在此基础上获得快乐，那就属于意外之喜了。

在海底捞，每位员工的脸上都洋溢着快乐的微笑，那种微笑不是装出来的，也不是培训出来的，而是发自内心的。

从迎宾员将顾客引进门开始，一直到顾客用餐结束，从等位区的等待，到去卫生间的过程，不管是从身边经过的，还是迎面遇到的，每一位服务员的脸上都挂着真诚、亲切的微笑。不管是在招呼顾客的时候，还是在给顾客提供服务的时候，不管是帮助顾客盛汤捞菜的时候，还是为顾客添茶倒水的时候，服务员都没有任何怨言和为人服务的自卑感，而更多的是发自心底的、因为能够为别人服务而拥有的自豪感，因为能帮到顾客而产生的愉悦感。

人是很容易被别人感染的动物。当你的快乐发散出来时，对方接收到这个信息，就会不自觉地被感染，继而产生一种生理上的反应。你传递的是什么情绪，他的反应就是什么情绪。这就是感染的力量。

而海底捞的员工恰恰做到了这一点，他们将自己的快乐传染到了所服务的顾客身上，让顾客也有了快乐的感受，而快乐的最终体现就是对他们所提供服务的高度满意。

据美国密歇根大学心理学家南迪·内森的一项研究发现，一般人的一生平均有30%的时间处于情绪不佳的状态。但客户从来不会理解这点，他们希望服务人员任何时候都能以饱满的热情面对他们，否则，他们就会认定服务态度有问题。

娜娜在一家酒店工作。早上丈夫去上班时，因为怕迟到，走得比较匆忙，绊倒了一把椅子。他只看了一眼，就出门了。娜娜大为不满，追出去说："马上给我把椅子扶起来，否则我跟你没完。"丈夫却说："我没时间了，下班再说。"说完头也不回地走了。

娜娜很生气，她从丈夫的态度一路想下去，一直想到他可能有外遇，否则为什么一点儿也不关心她的感受？她心里老惦记着这件事，越想心越烦，搭公交车上班时，又无意踩到了一位男士的脚。男士开玩笑说："小姐，请高抬贵'脚'！"要是在平时，娜娜肯定会礼貌地道歉，今天她却没有道歉的心情，她抢白道："坐公车这么挤，肯定会踩到脚的，有什么好大惊小怪的？你怕挤就'打的'去。"男士气坏了，笑语顿时变恶言，跟她吵了起来。这么一来，娜娜心里更烦了。

到了饭店，娜娜满脸写着晦气，一位顾客看不惯她的样子，半开玩笑半认真地说："小姐，我是来买微笑服务的，你这里服务打了折，我付账的时候也要打折的。"

娜娜没好气地说："我这里没有微笑服务，要买到别处去！想打折，我们饭店也没这个规矩！"

顾客很生气，要求叫经理来。经理叫娜娜向顾客赔礼道歉，并且当众斥责娜娜："你怎么敢顶撞顾客？不想干就别来了！"娜娜又羞又恼，但是考虑到"饭碗危机"，不得不忍气吞声，低头向顾客道了歉，之后便躲到洗手间哭了一场。她不知道今天为什么这么倒霉，没有一件事情顺利。

如果顾客知情，或许不会和娜娜计较，谁没有情绪不好的时候呢？但问题就在这里，没有一位顾客会考虑到服务人员的情绪问题，他们只知道你现在为他们提供的服务没有愉悦的感受。作为一名服务人员，必须学会控制情绪，否则便会因为自己的情绪不佳而降低服务的质量。

小李是一家酒店的服务员，这家酒店虽然不大，但打扫得很干净，而且装修得非常温馨。小李每天面对繁杂的工作，从来没有抱怨过，脸上总是挂着甜美的笑容，给人一种非常亲切的感觉。

在一个下雪的冬天，从外面来了两个外地人，他们的身上落满了雪。小李看到这种情况，便赶快跑过去接过顾客手中的行李箱，然后帮他们抖下身上的雪，安排两位顾客坐下以后，小李赶忙拿来两杯热牛奶，让顾客喝下暖暖身子。这是酒店新开的一项服务，在寒冷的冬天先给顾客送去一丝温暖。

“两位先生，我现在帮你们安排住房吧！不知道两位想住几楼？”小李笑着问。

“几楼都没关系，不过我喜欢看雪，你给我安排能看雪的房间就行了。”其中一个穿黑色风衣的男士说。

“好的，你们稍等一下，我马上就去办。”

过了一会儿，小李就把手续办好了，她选的是一间大窗户的房间，在里面看着外面的飞雪，很有意境。她把两位客人带到房间，两人对房间非常满意。

两位顾客把东西放好以后，就冒着雪出去了，直到晚上将近11点的时候才回到酒店。

小李得知他们已经回来，想着天这么冷，就向上级申请多加了一条被子，然后抱着棉被敲开了顾客的门。

“小姐，请问你有事吗？”一般情况下，顾客晚上都是不喜欢被打扰的，所以他的脸上有点不耐烦。

“不好意思，打扰两位了，今天天气太冷了，给你们加一条被子！”小李满脸诚意。

“谢谢你！你让我们感受到了家的温暖。”顾客笑着接过了被子。

“天气这么冷，我们酒店里有免费为顾客提供的姜汤，我一会儿给二位端过来吧，可以预防感冒。”小李笑着说，她的笑容是那么亲切，给寒冷的冬天增添了不少温暖。

“我在家就经常喝姜汤，没想到你们想得这么周到，真是麻烦你了！”客人的心里满是感动。

过了几分钟，小李给两位客人端来了热腾腾的姜汤，虽然只是两碗再平常不过的姜汤，却在寒冷的冬天里给客人送去了家一样的温暖。自此，这两位顾客对这家酒店留下了深刻的印象，之后再来这个城市，他们总会来这家酒店，因为他们觉得这里就是家。

服务行业是一个最难做的行业，因为要面对的是各种各样的人。其实，很多顾客在购买产品的时候，大多数选择的都不是基于产品本身，而是想满足自己的心理需求。所以，要尽量提升自己的亲和力，让顾客感觉到温暖，给顾客留下深刻的印象。

8.真诚是优质服务的基础

海底捞的服务态度被公众戏称为“变态”和“肉麻”，这正是对海底捞真诚对待顾客的最大嘉奖。或许有人会质疑，海底捞的贴心太过刻意，服务过于殷勤。但正如林肯所说的那样：“你可以欺骗所有人于一时，或欺骗部分人于永远，但你不可能永远欺骗所有的人。”在长达21年的时间里，海底捞的每一位成员都发自肺腑地为顾客着想，时时刻刻用细致入微的真诚打动着顾客，让顾客体会到家人般的关怀。

在海底捞创业初期，张勇就是用真心实意留住顾客的。顾客需要什么，只要是力所能及的，张勇都会满足。他甚至坦言，那个时候送的菜品比卖出去的还要多。在他看来，这点成本根本算不上什么。一切站在顾客的角度，真诚地为顾客服务，这就是海底捞的出发点。

开车的顾客，海底捞为其提供免费停车位；走进店里，迎接顾客的是一张张亲切的面孔和贴心的问候；点菜过多的时候，服务员会善意地提醒顾客；打了一个喷嚏，服务员立马就从厨房端出一碗热气腾腾的姜汤；一个转身，空着的杯子里就续满了豆浆或者柠檬水；听到顾客夸奖豆浆味道好，服务员会在临走的时候赠送好几袋打包好的豆浆；得知有人过生日，服务员会送上免费的长寿面和果盘，为顾客唱生日歌。

有一次，一群人准备去海底捞吃夜宵，到店里的时候已经过了海底捞的营业时间。正准备离开的时候，海底捞的服务员急匆匆地跑到他们面前，递上两个热乎乎的烤玉米棒，面带歉意地说："真是不好意思，我们已经下班了。你们先吃这些玉米垫垫肚子吧。"

海底捞正是凭借这些不经意的关心让顾客感受到无处不在的真诚，日积月累，就形成了独具特色的海底捞服务。事实上，当顾客感受到关怀的时候，不仅能大大增进其对海底捞的亲近感，更能加强其对海底捞的黏性。如今，海底捞的诚意已经深入人心。

真诚是一种无形的牵引力，能缩短人与人之间的距离。对于海底捞来说，真诚是优质服务的必备神器。因为顾客在接纳员工诚意的同时，会从心底生出对企业产品和服务的认可。

在泰国，有位叫库特的老板经营饭店20多年，积累了许多成功的管理经验。当有人问其成功的"秘诀"时，他微笑着回答："博取顾客的好感，让顾客来替你宣传。"

怎样才能博取顾客的好感呢？库特认为，来自世界各地的游客，生活风俗各异，性格爱好不同，旅店就算有很多种服务措施，也满足不了他们的特殊要求，唯一的法宝就是灵活应对，以柔克刚。

有一次，从欧洲来的几位客商将要乘坐泰国曼谷东方饭店的轿车前往旅店，但他们知道曼谷的交通要道时常出现塞车现象，因而对前来接待的饭店侍者说，他们要改乘小船进入东方饭店。此时，旅游船早已开走，再说饭店按顾客原来的要求已在房间备好晚餐，现在这么一折腾，不仅会打乱计划，还会连累接待人员晚下班。然而，侍者没有半句怨言，满脸笑容地带这几位客商到码头，出高价租了一只小船，送他们到饭店，并重备酒菜。欧洲客商对东方饭店的服务赞不绝口，逢人便夸饭店的管理一流。

开店，经营的是生意，但同样也是在经营人心，让顾客来时舒心，走时满意，才能赢得更多的回头客。库特对顾客心理的认识是独特的，他懂得旅客对饭店提供服务的评价，不只是在美味佳肴、客房环境方面，各种临时性服务的质量也很重要。这一条做得好，客人们离开后仍能记忆犹新。要达到这样的水平，饭店就必须不断提高服务水准。

库特给东方饭店的400多个客房配备了900多个服务员，平均两个服务员帮助处理一间客房的临时性问题。此外，这些服务人员还会定期进行培训、选拔和升职。老管理人员对雇员传授经验尤为重要，库特在这一点上做得相当成功，老一代的管理人员几乎能帮助新雇员解决临时碰到的所有棘手问题。

有一位澳洲客商，他住在临街的房间，嫌大街上的交通警察吹哨子影响休息，因而大发脾气，还摔碎了两个花瓶。但此时的服务人员仍旧笑脸相迎，忙着赔不是，还及时递上了一杯冰镇的橘子汁，帮助客商镇静下来后，迅速为客商调换到靠天井一侧的房间，满足了他的需求。这位澳洲客人感激之余，主动赔偿了花瓶的钱，并且长期预订了酒店的豪华房间。

那么，如何让顾客感受到企业的真诚呢？

第一，良好心态的准备。俗话说，“相由心生，言为心之声”，如果心中没有为顾客服务的愿望，那是无论如何也不可能笑出来的，即使笑了，也会让顾客觉得虚假和空洞；如果心中没有为顾客服务的想法，说出来的话语也一定不会是亲切、悦耳、打动人心的。

第二，发自内心的微笑。世界上最具有感染力的表情就是微笑。微笑能向顾客传达的最基本的信息，就是让顾客感觉到你对他的喜欢，对于一个喜欢自己的人，每个人都愿意去接触。微笑能在第一时间打破顾客的心理防线，让他愿意去接触你，在这个时候，你就成功了一半。在把微笑送给客户的同时，你自己也留下了一个好心情，何乐而不为呢？

第三，真诚倾听。经过市场调查，大多数顾客都反映自己有一种被忽略的感受。很多服务人员只知道一味地推销产品，而不知道顾客的真正需求是什么。在这种情况下，说得越多，反而会引起顾客更多的厌烦。想让你的服务得到顾客的认可，最重要的就是先了解顾客的需求。所以，从现在起，静下来听听顾客的心声吧！

第四，说到做到。行动比一切语言都更有说服力，想要让顾客相信你，就应该让客户看到你的行动。在生活中，我们会遇到很多“口气比力气大”的现象，在顾客购买他的产品之前，他经常许诺保证各种服务，但买完产品之后，之前的承诺却都得不到验证。在这个时候，顾客就会有一种被骗的感觉，这是服务行业最忌讳的。也许你认为失去一个顾客没有什么关系，但这个不满意的顾客大约会同十个人说你的服务不好。你以为你只失去了一个顾客，其实，你已经失去了一个顾客群。

服务，不仅是一种口号，更是一项责任，它的背后是顾客的信任。只要坚守自己的岗位，认真对待每一天的工作，就是最好的服务。因此，不要将服务当作一项任务，而要将其当作自己为之奋斗终身的事业，这样才算真正懂得服务的真谛。

第二章

利润之道：舍得付出才能有回报

1.大投入赢得大产出

当媒体采访张勇时，有人提出了一个问题："海底捞为提高服务而投入的人工成本占到了营运额的多少百分比？"张勇回答："20%多，还不算福利。"

而根据专家所估算的数据，劳动力成本最高不能超过17%，否则就会很危险。但是，海底捞为什么在远远超过了专家所说的警戒线之后，还依然生存得很好呢？

我们先看看海底捞都在哪些方面有成本投入。

(1)人工成本的投入

仅每个分店给员工提供住宿所付出的成本就达到了每年50万元。工资成本上，海底捞目前的员工人数是1万人，以每个人每月平均薪酬2500元计算，海底捞每月的薪酬成本就是2500万元。

(2)服务成本的投入

海底捞每个分店都设有专门的等位区，每个等位区的面积都很大，这在寸土寸金的大城市，比如上海、北京这种地方来说，仅租金就要耗费不少。而且等位区的设备设施、免费的点心小吃等，虽然都是不起眼的花费，但数量多了，也是不能忽视的一笔额外支出。为了让顾客在这里体验到一种家庭聚会式的温馨，每个海底捞分店的装修都费了很大心思，装修费用动辄上百万元。用餐时，为了让顾客满意，海底捞减少了中间环节，给了员工最大授权，其中就有给顾客完全免单或者免掉一两份菜品费用的权力，这些难道不是成本吗？有几个餐饮店能做到这一点？

(3)设备成本的投入

海底捞在全国有4个配送中心，分别位于北京、上海、西安和郑州，每一个配送中心都有一整套现代化的清洗、加工、检验、冷藏或冷冻设备，通过标准化的生产流程，将蔬菜充分消毒、清洗，保证菜品质量，为各地分店服务。

这几个配送中心使海底捞各个分店的厨房工作变得十分简单，后厨人员只要把收到的菜品拆箱就行，除个别菜品需要重新整理，其余都可以按照规定的分量称量后装盘，保证以最快的速度上桌。同时，这也使各分店的后厨面积压缩到了最小，获得了最大的产生营业额的摆台面积。而海底捞的下一步目标是完全省略分店后厨环节。

除了配送中心，海底捞在门店也配置了各种现代化设备，比如火锅的底料是通过机器来盛装的，员工只要按一下按钮就行；顾客要加菜，只需要在餐厅提供的平板电脑上操作一下，订单就下到后厨了。

对于张勇来说，他觉得目前的成本付出是自己能够接受的，因为海底捞的利润很可观，任何付出都不是徒劳的，都是有目的的。而海底捞这些做法的目的就是为自己创造最好的口碑，为顾客提供最好的服务，得到顾客最大的满意度，从而得到最大的利润回报。这些利润的回报就是其成本付出后得到的最大产出。

这些产出体现在哪些方面呢？

第一，赢得了越来越多忠诚顾客的拥护与热爱。去过海底捞的顾客，200个人里有150个是回头客，回头率之高，恐怕是一般同行难以达到的。

第二，顾客量的不断翻番让海底捞每天的翻台率（餐桌重复使用率）一直保持在最高状态，一般都会比同行高出1~2倍，而这正是高利润的最直接体现。

第三，省下了一大笔做广告的费用。为什么？因为他们不用花一分钱就可以让在这里消费过的顾客免费自愿地为他们做宣传。实际上，口碑广告才是最省钱、最有效的广告。

第四，营业额不断高速增长，店铺扩张的速度供不应求，远远低于消费者的需求速度。如果能解决人才问题，海底捞完全有能力超越同行的扩张速度。

自从格力首摘全国销量桂冠的1996年开始，他们就率先大规模地在全厂范围内推行“零缺陷”工程。格力每推出一件产品，都要历经“千锤百炼”。设计前，必须经过长期缜密的市场调查；设计时，必须站在用户的立场，尽最大努力满足用户实际需求和潜在需求；设计完成后，必须坚持“不成熟不投放市场”的原则，反复实验，直到产品的各项性能完全符合要求了才批量生产，投放市场。格力为何如此精益求精？目的就是做到零缺陷。这样既节省了成本，又能用高品质的产品征服消费者。

为了保证产品质量，格力于1995年投入了上亿元购买世界先进设备，成立了中国乃至世界上最大的也是中国唯一的零部件筛选厂，且配置筛选工程技术人员达500人之多。这个工厂一不生产零件，二不组装产品，它只是格力的全检分厂，员工的任务就是对外购零部件、元件“过筛子”，逐一检验，“禁止”任何一件不合格产品流入生产线。

有人质疑，耗费巨大人力、物力干重复的工作，是否值得？格力人的解释是，如果格力空调的合格率仅为99%，那么，就意味着一年有一万多用户要为维修空调而拿出休息时间，实现“零缺陷”是对消费者负责任的体现。

之后几年，格力还成立了各类技术开发、性能实验室，多达几百个，每年投入上亿元的科研和实验经费，配备各类专业空调研发工程师1000多人，包括聘请日本等空调技术领先国家的专家加盟，为格力电器配套厂家300多家企业进行严格的人员培训、严格的标准统一，将空调产品整体质量的提高体现到技术开发、工艺改进、项目研究上。

格力还投入500万元建立了国际上目前技术水平最高、设备最齐全的长期运转实验室，可模拟各种室外恶劣气候条件，考验空调产品的质量，并通过长期的运转试验提高产品的可靠性，考核所有零部件的配合是否科学合理。为了让全体员工都竭尽全力响应企业推出的“零缺陷”产品战略，格力还设立了100万元的专项奖励基金，用于奖励在推行“零缺陷”工程中的有功人员。

格力对质量的高标准、高要求终于有了回报。2001年2月，通过国家质量技术监督局的审核，格力被授予“国家免检产品”称号。此后，格力成为好空调的代名词。

很多人认为，降低成本可以增加利润，也可以不断增加产品的溢价收入。很多企业为了降低成本，要求员工加班，而最终生产出来的产品却粗制滥造，这只会使企业丢掉市场，遭受严重损失。所以说,过于控制成本不一定会收到好成果。投入多虽然会增加成本,但也会带来更大的产出,而且这份产出将是长远的。

2.提高翻台率,增加客流量

翻台率是指餐桌的重复使用率,也就是一天下来每张桌子能够上多少桌顾客。顾客对餐桌使用率的高低,决定了翻台率的高低。

对餐饮行业稍有了解的人都知道,火锅是中餐中最容易实现流程标准化的品种,因此很适合连锁经营。但很少有人会把火锅做成快餐,因为火锅大都是多人聚会用餐的选择,一顿火锅吃下来,三四个小时都不算久。所以,一般来说,火锅店的翻台率是极低的,商家的收入也很难保证。

那么,海底捞是如何通过自己的特色服务,来获得高于同行1~2倍的翻台率,进而提高店铺利润的呢?

(1)通过周到的服务缩短顾客用餐时间

提高翻台率最直接的方式就是缩短顾客的用餐时间。从顾客进入餐厅到离开餐厅的每一个环节,只要缩短一点时间,就意味着顾客整体用餐时间的缩短,更意味着翻台时间的缩短。菜品的出品、传菜、上菜、收取空盘等细节都能提高餐厅的翻台率。

所以在海底捞,你可以看到,从迎宾员开始,到餐厅的引导员,到传菜员,再到就餐区招呼顾客用餐的服务员,每个人都在以最快的速度为顾客提供服务,尽量缩短自己所用的时间,以此来缩短顾客的用餐时间。

比如,海底捞提倡的是一种快餐式的火锅概念,服务员可以做到3分钟上锅，5分钟上菜，帮顾客捞菜，帮顾客带孩子、喂孩子等，这些都是在为缩短顾客的用餐时间而努力。

对比我们在一般餐馆就餐时经常遇到的情景：在饭桌上等了半天却迟迟不见服务员前来招呼，点完了菜，又往往半天不能上一道菜。对比这样的情况，海底捞能有如此高的翻台率也就不足为奇了。

(2)靠增值服务让顾客乐意等位

顾客到一个地方吃饭，常常都是赶在吃饭的点过来。当大家的意向一致时，自然就不可避免地会出现扎堆的现象。遇到这样的情况怎么办？没有耐性的顾客肯定会转身就走。

那么，如何留住那些没有耐心的顾客，并让那些留下来的顾客心情坦然地在这里继续等待呢？海底捞很好地解决了这个问题。殷勤招呼是必要的，更重要的是要帮顾客摆脱焦躁的情绪，让其静下心来等待。海底捞不仅专门开辟出了一块等位区让顾客安定下来，而且通过提供各种增值服务，比如提供免费的小吃、饮料，提供免费的擦皮鞋、美甲、上网、打牌、下棋等服务来安抚顾客的情绪，让顾客耐心等待，最终将其留住。

(3)就餐区与等位区在时间差上的良好配合

餐厅要想提高翻台率，就餐区与外面等位区的配合十分关键。其中，在“时间差”上的配合就是一个不错的方法。工作人员通过对讲机的联系，确定有台位埋单，等位区的服务员就会开始为顾客点菜。同时，该桌服务员会在桌上放置“温馨提示牌”，一方面提醒顾客小心地滑并带好随身物品，另一方面提醒各部门员工，准备好翻台工具。

(4)餐厅音乐的合理使用

很多餐饮店都会设置餐厅音乐，音乐的播放可以起到调节顾客饮食速度的效果。比如，遇到顾客用餐高峰时，可播放轻快优美的进行曲，使顾客在不知不觉中加快进餐速度，进而快速离去；在人少时，则播放古典音乐或抒情音乐，可使顾客延迟离去，以保证店里合适的客流量。

翻台率是衡量餐饮行业的一个金标准，提高了翻台率，也就等于提高了餐饮店的利润率。这就是海底捞成功的一大秘诀，让我们来看看其他“大佬”是如何提高翻台率的。

星巴克不赶人，但翻台率也很高。中国星巴克的店址一般在写字楼或商业区，消费者在工作日午休、购物小憩、三五好友相约等时刻非常容易受到星巴克的“蛊惑”——进去买一杯，但是星巴克的店内设置绝不鼓励你坐上一下午，用“说一套做一套”来概括星巴克的营销之道绝不过分。

星巴克的做法是，让顾客感到不舒服。店内的装修一改咖啡馆深沉温暖的色调，选择简单清爽、线条硬朗的风格，让人觉得不够舒适。座位安排也别有用心，专门使用一些木质椅、高脚凳、墙边桌等不甚舒适的家具，让人无法久坐。细心的话，你还能感觉到，星巴克的冷气通常比其附近的店铺温度要更低些，你以为这是福利？大错特错，这其实是为了让人感到不舒服，催你买完咖啡赶快走。美国的星巴克甚至为汽车族新添了外卖窗口，让你干脆别进店，完全麦当劳化了。

一般咖啡馆的堂食会给顾客提供瓷杯，不喝完就带不走，顾客在店时间自然会变长。而无论是即食还是外带，星巴克一律采用纸杯包装，顾客可以随时将咖啡带走。所以，与其把星巴克定义成咖啡馆，倒不如说它是个咖啡便利店，选择买完就走的顾客远比在店内享用的多。相较之下，同为大型连锁品牌的COSTA、太平洋等，在店内悠闲地上网、阅读的人要更多。

而雕爷牛楠的孟醒也曾采取三个措施来提高店内翻台率：一是顾客一落座就上小菜和沙拉，减少等待时间；二是在酒水方面只卖很贵的单杯红酒；三是像星巴克一样，店面使用的是漂亮但不舒服的凳子。这些措施将顾客平均用餐时间减少到了一个小时，使翻台率提升到了极致。

餐饮企业要想提高经营收入，无非是从三方面入手：一是提高顾客的人均消费额；二是提高就餐的客流量；三是提高顾客的回头率。顾客的人均消费水平在一定程度上是既定的，但就餐的客流量却可以通过餐饮企业有意识地疏导提高翻台率而得到大幅提升。

很多餐饮企业在当地已经拥有了较好的品牌形象，店铺的选址也很不错，但它们的客流量却始终不能得到很好的提升，这其中最主要的原因就是翻台率不高，这也成为餐饮企业经营的瓶颈。源源不断的顾客来到店里，却因为长时间没有座位而流失，这不能不说是餐饮企业的一种无形损失。

3.换位思考，关注长期利益

人都是自私的，资本家更有追求利益最大化的天性，站在这个角度来看，海底捞的一些做法好像有悖于常理。比如，海底捞专门为排队的顾客设置等候区，而一般餐厅恨不能多摆几张餐桌，更不可能提供免费的零食等服务；至于餐厅可以退菜，更是闻所未闻。人们不禁要问："张勇做海底捞到底赚不赚钱？或者说，张勇心里到底想不想赚钱？"

商人无利不起早，张勇自然也不可能瞎忙活，赔本赚吆喝。在茫茫商海中，商人大致分为三类：第一类商人唯利是图，见钱就赚，二话不说，先把钱赚到手再说；第二类商人就聪明多了，知道洁身自好，明白什么钱可以挣，什么钱打死也不能碰；最傻的就是像张勇这样的商人，不仅不占顾客的便宜，有时还心甘情愿地倒贴。

为什么说张勇傻？举个在普通餐馆里时有发生的例子：吃饭吃到头发。一般的餐厅多是服务员上来道歉，然后这事就过去了；遇到有点执拗的顾客，多半餐馆会撤掉这盘菜，重新再上；若顾客不依不饶，加上遇上个明事理的老板，这顿饭才能免单，但顾客已经受了一肚子气，此时免单并不能安抚他的情绪。基本上就是闹得越厉害，所给的优惠就越多，顾客不闹，餐馆也权当没这事。

但在海底捞，要是真在菜品里发现了头发，那可是一个重大事故，不仅当事服务员、配菜员要受处罚，连店长也要遭殃。或许拿火锅锅底咸淡的问题做比较，才是同等严重程度的问题。像锅底咸淡这种众口难调的问题，只要一桌顾客中的大多数认为咸了，服务员就会免单。就是这么简单，不需要找店长，更不需要面红耳赤地争吵。

海底捞的这一做法不禁让同行们觉得难以理解，要是遇到恶意的顾客，岂不是会遭受损失？但张勇认为，这种方式也许会在一时损失一些钱，但由于店里给顾客提供了更高质量的服务，最后换回的将不仅仅是一桌客人，因为他们以后都将是海底捞的忠实顾客，会自发地为海底捞宣传，带来更多的新顾客。

2011年，在泉州石狮锦尚镇的环保垃圾焚烧炉前，富贵鸟公司烧掉了价值300万元的服装。看着自己亲手缝制的服装因为一点点瑕疵而被焚毁，不少员工当场落泪。

富贵鸟的管理层也同样心痛，但如果300万元能换来一次全体员工的警醒，在总裁洪辉煌看来，也是相当值得的。在洪辉煌眼中，富贵鸟的品牌价值远远不止这300万元，如果为了一时小利而昏了头脑，黑心卖给消费者，长此以往，顾客必然会流失。

其实，富贵鸟男装的这批产品不仅可以通过终端渠道卖给消费者，还可以做到不违法。当时国家对于服装瑕疵品的规定尚有很多漏洞，而且多不强制执行，由企业自主选择。这也是众多服装厂家不在意小问题的原因所在。面对这样"轻而易举"即可通过的漏洞，很少有企业能够抵抗诱惑，但显然，洪辉煌没有选择钻洞。

此次被丢进环保垃圾焚烧炉的包括富贵鸟男装的西服、休闲裤、衬衫、夹克和部分半成品等，共有50多箱，价值300多万元，每一个箱子上都写着"经自查，不合格，同意销毁"的字样。洪辉煌表示，这些瑕疵品完全是由富贵鸟企业内部自查得来。

瑕疵品大量出现的原因，主要是富贵鸟的质量检测团队日久懈怠，抱着侥幸心理；不少老员工也仗着手艺熟练，工作态度不认真，马虎了事。为了达到震撼人心的警示效果，洪辉煌带领全体员工现场观看了焚毁瑕疵品的过程。在此之前，整个工厂的质量检测团队都已被洪辉煌解雇。这就是富贵鸟对待失败产品的态度。洪辉煌不仅不随大溜儿贪图小利，而且果断清除相关员工，让整个富贵鸟集团都为之一震。

如今，富贵鸟已成为国内一线服装品牌，各大商场都能看见它们的门店。如果不是总裁洪辉煌以烧毁瑕疵品的行动敲响了质量的警钟，富贵鸟不会多年来一如既往地坚持产品质量，更不会有今天的成绩。

张勇认为：做生意不能太短视，应换位思考看长期利益。"如给顾客退菜，对于我们来说，食材成本是很低的，所以一定不要因为这么一点儿成本跟顾客发生冲突。一些人只算自己的账，不算员工、同事、顾客的账，所以合作者只会越来越少。""做生意一定是要赚钱的，只是不能太短视，不能只是说这一单赚了多少钱。比如说顾客吃火锅，都喊咸了，这时就应该给顾客免单。因为顾客消费的产品是一个不合格的产品，这个损失一定要由商家承担。”

目光决定地位，真正的企业家应当看得比常人更高更远。对质量负责就是对顾客负责，对顾客负责就是对企业负责。只有赢得顾客，企业才会有发展的空间；如果企业不能把好质量关，必将遭到顾客的抛弃。

4.精准营销，一桌一桌“抓”顾客

对餐饮行业来说，“一桌”就是一个顾客单位，假如发生质量事故，那丢失的将是这一桌顾客，甚至会影响每个顾客身边的一群人。当然，吸引顾客也是同样的道理。

一个周末的晚上，海底捞上海区分店的包房里接待了一个家庭聚餐。在吃饭的过程中，服务员张耀兰发现女主人把盘中用来点缀菜色的萝卜丝都吃掉了。张耀兰迅速地做出反应，招呼厨房准备了一盘萝卜丝，又到调料台加了一些调料，调出了一盘色香味俱全的凉菜。

当萝卜丝端到桌上时，大家纷纷说没点这个菜。张耀兰望着女主人说：“我猜您喜欢吃萝卜丝，所以专门调了一盘赠送给您。”这桌顾客开心极了，不但很快把萝卜丝一扫而光，男主人还用菜汤拌饭，连连夸赞这是他吃过的最好吃的饭。

张耀兰用这一盘萝卜丝抓住了这桌顾客的心。之后，他们几乎每周来一次，还带来了另外两个家庭，一桌顾客很快就变成了三桌顾客。

张勇在提出“顾客是一桌一桌抓的”时，还有另外一个意思，即每桌顾客都是一个生活圈子，小孩、老人、孕妇、情侣等。圈子和圈子间的饮食习惯和用餐方式是不一样的，比如，有的喜欢有人随时在旁边服务，有的则喜欢自己涮菜；有的喜欢点自己喜欢的，有的则喜欢有人推荐特色；有的喜欢拌好的调料，有的喜欢自己调味；有的喜欢点全份，有的喜欢点半份，等等。顾客群体不一样，有不一样的需要，所以，抓住他们心的办法也要做出相应的变化。

有一次，几位顾客在海底捞吃火锅的途中，突然听到一声惊呼。他们四处张望，发现声音是从一位挺着大肚子的孕妇那里传来的。原来，服务员得知她是孕妇之后，临时准备了他们自制的宝宝图画送给她。这一举动使得那位孕妇感动不已，火锅也吃得更加津津有味了。自然而然，顾客对海底捞的服务的感受会进一步加强其对海底捞的整体评价。

海底捞按照不同顾客的需要提供不同的服务，这就是一种精准的营销。

尽管我们常说现在是信息泛滥的时代，目光所至，广告几乎无处不在——电视、报纸、网络、路牌、电梯、餐桌乃至厕所，到处都是。但是，仔细想想，你是不是也有搜集信息吃力的时候——需要的信息找不到，而无用的信息却有一大堆。

所以，作为个体，我们既可以说广告泛滥，因为确实有太多的广告与我们无关；同时也可以说自己缺少需要的信息，尤其当你面临选择时。例如，你想办信用卡，但不知道该办哪家银行的；想投资股票，但不知道该投哪家公司的；想买汽车，但不知道该买哪个品牌的。相信每个消费者都有这样一个心声：如果能够把我需要的信息提供给我，那实在是太美妙了。

吉之岛是亚洲最大的零售商，也是赢利能力最强的零售商之一，其市场和客户调研水平同样走在同行之前。在深圳的合资公司吉之岛友谊百货开业仅两个多月，就取得了良好的经济效益。在这两个多月的时间里，公司的营业额超出预期60%，而且吉之岛在深圳的品牌认知度上升到90%以上。

吉之岛在香港的母公司设有专门的调研部门，在开设深圳合资公司之前，公司进行了两个阶段的调查。第一阶段是在开业两年多前，公司开始了先期的市场和客户调研，主要对深圳本地的GDP水平、消费群体、消费习惯和当地政策做了详细调研。第二阶段是在一年前，部门对营业场地——深圳中信广场进行实地考察，其中包括几个固定时段的行人数量、公交车和私家车流量、周边配套设施状况和竞争对手分析等。

调研的结果令人振奋：深圳是中国最富裕的地区之一，人均GDP位居中国之首。尽管沃尔玛和家乐福已捷足先登，但他们以追求"天天平价"为主要诉求，瞄准的是普通大众消费群体。以西武为代表的商场则服务于顶级消费者，而中高阶层的消费群体规模庞大，市场前景看好，这是一个市场空白。

于是，吉之岛将目标顾客定位为中高阶层的消费者，并根据他们的需求调整自己的产品和服务。

吉之岛开始研究中高层顾客的消费特点——中高层的顾客和普通消费群体有所不同：中高层的顾客在购买商品时，在追求价廉物美的基础上，也重视商场的购物体验，部分消费者还注重文化氛围。为此，吉之岛在商场布局和商品供给上颇下功夫。商场占据一层近2万平方米的面积，宽敞的走廊，高档的装修，日本商品占到3成以上，商场内设日本风味餐厅，弘扬日本文化，这些是集团经过调研之后所采取的避免同业之间同质竞争的重要手段。商场共有8个入口和出口，充分贯彻其“开放式购物”理念、走差异化道路的策略。此外，深圳吉之岛所在的中信广场位于深圳市黄金地段，广场内有不少世界级品牌，如西武百货、星巴克咖啡馆和必胜客餐厅等，如此完善的品牌配套环境，符合公司瞄准中高阶层的定位，这就在购物环境上满足了目标消费者的需求。

从企业的角度来看，如果能够知道哪些消费者是自己的目标客户，通过差异化精准营销手法，锁定目标客户，在狭窄的细分市场上寻求一席之地，就能形成独特的领先优势，同时还能避免企业资源的浪费，获得较高的回报率。

不管是做什么生意，其实都是从顾客腰包里“拿钱”。各大企业“拿钱”的招数多种多样，正所谓“你有张良计，我有过墙梯”，企业管理者更应从海底捞式服务上举一反三，开发出更多的营销策略。

第一，不要为营销而营销，营销的本质是为了了解顾客真正的需求。

顾客永远没有错，不要在产品卖不出去的时候找借口或者埋怨顾客，也不要在不能满足顾客需求时试图改造顾客接受你的产品。企业要不断挑战产品和服务给顾客带来的效用。最正确的营销不仅仅是将产品卖出去，更要使产品充分满足顾客的需求和期望。有远见的管理者总是能最大限度地满足顾客的需求，如果管理者意识不到顾客需要什么样的产品和服务，企业的可持续发展就会陷入危机。

第二，面对顾客，理性营销。

随着居民生活水平的提高，顾客的物质追求也在不断提升，与此同时，顾客的消费也在逐步理性化，理性的顾客会对产品营销方式异常敏感。理性的表层意思首先是相对感性而言的，即理智而不盲动。顾客是理性的经济人，他们会以合乎理性的方式买到最实惠的商品。虽然有时候买家会在感情的非理性干扰下，短期内做出不符合“经济理性”的行为，但企业不能因为顾客一时的不理性而以非理性的方式去刻意迎合。

第三，了解顾客的消费点，引爆顾客的消费情绪。

如何挑起顾客的消费情绪，企业可以从店铺招牌、外观装修、灯光音响、海报等方面入手。热情的店面销售形象能够有效吸引顾客的关注，引起顾客对店铺的好奇，刺激人们强烈的购买欲望。

第四，合理的价格定位。

不要盲目地涨价或降价，适当低价可以获得意想不到的效果。低价在所有经营策略中永远都是最实在的一招，特别是现在，随着物价的上涨以及各种生活压力的增加，消费者的消费行为变得越来越理性化，在这种情况下，低价策略就成了很多企业的必然选择。管理者在推销自己产品的时候，不妨在结合自己产品性质的情况下，坚持适度的低价策略。

企业管理者在运用各种营销手段的时候，要明白营销的核心是产品质量。不要本末倒置，浪费心思在各种营销手段上，却丢失了核心的产品质量。营销只是推出产品的手段，最终让顾客愿意购买的一定是核心的产品质量。

企业管理者如果能够从以上各个方面管理自己的企业，推销自己企业的产品，顾客自然会络绎不绝。

5.免费服务，吃亏是福

海底捞的免费服务是吸引顾客的有效方式，甚至在门店的运营中起着至关重要的作用。

有一次，张勇到海底捞北京的一家分店去视察，发现店里等位区提供的免费西瓜不够甜。于是他找来店长，询问这是怎么回事。店长向张勇汇报道："最近西瓜涨价了，好的西瓜要3毛钱一斤。所以，店里采购的是2毛钱一斤的西瓜。"张勇马上说："既然是送人的，就要送最好的。2毛钱都花了，还差1毛就能让顾客更满意，为什么不多花1毛送甜的西瓜呢？"

海底捞等位区是供顾客排队等候消磨时光的地方，这里能大大地分散顾客的注意力，缓解顾客的不安和焦急情绪。对于门口总是排着长队的海底捞，其重要作用更是不言而喻。所以，在服务等位区的客人这件事情上，张勇的态度十分明确：免费的食品要送最好的。在他的坚持下，海底捞等位区的服务受到了大众的一致好评，有许多顾客称赞："海底捞爆米花的口味和质量远远超过了电影院里价格奇高的爆米花。"

海底捞在西安开设联营店的时候，杨小丽被张勇委任为店长，负责打理西安分店的全部事务。可原本业务突出的杨小丽却没有将这个店管理好，原因在于合作方不仅严格限制西安店赠品的发放，而且对店面管理事事插足，致使海底捞最具吸金能力的免费服务无法起到吸引顾客的效果。如此一来，店里生意惨淡也就理所应当了。

无奈之下，杨小丽只得向张勇说明实情。在张勇的协调下，合作方不再参与店面管理，海底捞全权推行免费服务模式。不久之后，西安分店的业绩好转，并日渐红火。最终，海底捞在西安餐饮业中拥有了一席之地。

所谓“有舍才有得”，张勇的“舍”换来的是海底捞的“得”。据说，海底捞的分店收回投资的时间平均在一年半左右。有些效益好的分店仅在6个月内便能收回投资。2009年，海底捞的净利润是18%，遥遥领先于同行的平均水平；2010年，在原材料价格上涨的情况下，海底捞的净利润仍然居高不下，保持在16%的水平。

张勇对于顾客从来都是“大手笔”，他关心的是海底捞的长远利益。而那些鼠目寸光的管理者遵循的原则只有一个：“理想、理想，有利就想；前途、前途，有钱就图。”因此，他们永远都是斤斤计较的，生怕自己吃亏。

日本著名实业家稻盛和夫先生认为，任何人都可以满足自己的“欲望”。但是，欲望不能只停留在利己的范围内，同时也要有利于他人的“欲望”并谋求公共利益。因为，利他精神终究也将有利于自己，并且这种利益会继续扩大。

在稻盛和夫看来，人的内心充满幸福感的时候，不是在满足自我的时候，而是在满足“他人”的时候。对于企业而言，钱要赚，但更重要的是不断为顾客创造感动，“挣”到顾客的情义。事实上，免费服务本身是一种附加产品，它能为顾客提供超出竞争对手的服务质量。意识到这一点，创业者需要转变观念，确立利润不是企业的首要关注对象的基本思想。

诚然，追求利润是每个企业都不能忽视的目标，但过度强调利润会使管理者重视短期利益，为了今天的利润，不惜牺牲明天的生存。一个不择手段的企业很难建立信誉，一个只重视眼前利益的管理者也很难取得大的成就。著名的管理大师德鲁克认为，一味强调盈利性是管理中最愚蠢和糟糕的办法。

对于管理者而言，首先要考虑的不是赚钱，而是为顾客创造真正的财富和价值，持续不断地改变这个社会。很多企业家在刚开始创业的时候把为众人服务作为奋斗的目标，最终都收获了巨大的成功。譬如比尔·盖茨，他在创业之初就把“让千万人都用得上电脑软件”作为目标；又如山姆·沃尔顿，他发誓要建立一种既便利又廉价的商业形态，沃尔玛就是实现他这一理想的工具；再如马云，他刚开始创业的使命就是“让天下没有难做的生意”。而这些非功利的目的最终都给他们带来了巨大的财富。

此外，控制成本的时候一定不能以牺牲产品的品质为代价。很多企业将低成本优势作为其在市场上竞争乃至制胜的关键武器。管理者需要注意的是，高品质不是高成本的借口和理由，低成本并不以牺牲品质为代价。对于企业管理者而言，控制成本要进行通盘考虑，在提升产品品质的同时降低产品成本，从而降低产品价格。

6.差异化服务，让等餐成为享受

当其他餐饮企业都在搞服务标准化的时候，海底捞反其道而行之，一心一意从顾客的角度出发，用心体贴地提供个性化服务，用一种近乎偏执的坚持，将服务做到了最大差异化，让顾客体验到了当“老板”的感觉。

张勇早年经营海底捞的过程中，有一个人每天都会经过张勇的店门口，他就住在他们所租店铺的楼上。实际上，楼上的住户一共十几个人，每天都要吃火锅，但都是在别的店吃。他们也想来张勇的店尝试一下,但每次走到店门口时扭头就走,因为店里根本就没有顾客。最后,张勇想了一个办法,他每天站在楼梯口等这个人。这个人姓魏,所以每次当张勇看到他们下楼的时候,就会主动跟他打招呼:魏大哥好。每天如此。终于有一天,这个人再次从张勇的店门口经过的时候,碍不过情面走了进来。张勇特别激动,赶紧热情招待人家。可这个人吃完之后,说了一句泼冷水的话:“你们的火锅味道实在不怎么样。”但具体哪里不怎么样,他也说不清楚。

不过让张勇感到高兴的是,这个人无意间向他提供了一个能帮他改善的信息:据说别人家都有一种香辣酱,火锅之所以好吃,就是因为有这种香辣酱。但张勇也知道,这种所谓的香辣酱不可能是祖传的,而应该是得益于进货商提供的酱的质量不错。后来经过苦苦搜寻,他终于找到了那个人所说的香辣酱,他让太太给那位姓魏的大哥送了过去,让他尝一下看是不是他说的那种。这个举动让那位魏大哥非常感动,自然而然地,跟他在一起的那十几个人后来就成了海底捞的忠实顾客。

张勇对他早年的这段经历进行了总结。他认为,当时之所以能感动顾客,让顾客成为自己的忠实消费者,全靠自己的服务态度。当顾客需要服务的时候,尽量速度快一些;当顾客觉得不满意的时候,就多赔点笑脸。只要有真诚、优质的服务,就不愁抓不住顾客的心。就是靠这一点,3个月后,顾客渐渐多了起来,并且开始出现排队等待就餐的现象。渐渐地,海底捞的生意越做越好,最后竟然成了当地最大的火锅店,并开了第一家分店。

在张勇看来,服务是海底捞获得成功的最大法宝,服务也是其与同行竞争的最有力武器。实际上,这么多年来,张勇正是秉承了唯有服务才能让顾客满意并感动的宗旨,将服务至上奉为海底捞的立店之本,才最终获得在全国遍地开花的局面。

张勇的这种坚持在今天看来，无疑是有先见之明，也是比较有远见的。餐饮业属于服务行业，从某种程度上来说，服务就是餐饮业的一个隐形产品，也是直接影响其收益的一个最重要的产品。

服务的价值是什么？是让顾客更满意，是感动顾客，是让产品增值，是为企业创造无形的利润。而对于海底捞来说，服务的最直接结果就是让顾客觉得“服务好，味道就好”。即使味道稍逊一筹，但海底捞的顾客们还是情愿光顾这里，因为大家更愿意享受被服务的感觉。

实际上，优质的服务之所以能弥补味道的不足，是因为味道仅仅是个技术水平问题，而优质的服务却是态度问题。对于顾客来说，他可以原谅一个人的技术水平差，因为能力有高有低是正常现象，却不能容忍一个人的服务态度差，更不能容忍别人不尊重自己。而优质的服务恰恰体现了对客户的尊重。当一个人感觉自己受尊重的时候，往往会忽略掉很多别的东西。

需要排队等餐的餐饮店其实有很多，但能让等餐变成一种享受的，可能只有海底捞一家。它甚至能让顾客将这种享受一直延续到就餐结束直至离开，并成为顾客下一次再来光顾的借口。

在排队等待的时间里，热心的服务人员会为你送上西瓜、橙子、苹果、花生、炸虾片等水果和小吃，还有豆浆、柠檬水、薄荷水等饮料，而且都是无限量免费供应。排队过程虽然漫长，但是值得，因为在等待的时间里，顾客可以打牌、下棋和免费上网。更令人惊喜的是，女士可以免费美甲，男士可以免费擦皮鞋。

这就是海底捞与同行的不同之处，也是海底捞的顾客在经历了漫长的等待之后依然感觉值得的原因。

餐饮业是一个传统而永恒的行业，市场容量足够大，可持续性也较强，顾客吃完一次，只要感觉好，只要对这里满意，就会有继续消费的可能。

而餐饮行业的本质本来是食物的味道,但当食物的味道一天天趋向无差别的时候,唯一能让消费者感知到的就是服务。张勇的高明之处在于,他看到了大城市里的人们对于消费服务感觉的需求具有巨大的市场空间,大城市的消费者见多识广,市场竞争激烈,如果能够通过服务把这些挑剔的顾客的“心”搞定,就容易拉拢到忠诚的顾客,并逐步累积起竞争门槛。

7.留住顾客,也就等于留住了利润

海底捞在发展壮大的过程中,不像一般企业那样特别注重外在的营销手段,譬如狂轰滥炸式的媒体广告、娱乐明星代言等;在进入成熟期后,张勇也没想着要和政府搞好关系,奢望得到政府的支持,做个“红顶商人”。虽然火锅业是个中低端服务餐饮行业,但如今已经成为四川省简阳市名片的海底捞,若真想获得一些政策上的优惠,其实完全不在话下。

可张勇认为,餐饮行业竞争较为开放,海底捞最根本的落脚点也是一对一地为顾客服务,所以相对于外在的种种,顾客才是海底捞最重要的人脉资源。

有一次,李先生在海底捞因等位时间太长而准备离开,这时,一个擦皮鞋的小伙子说:“先生,如果您走了,对我们火锅店来说,不只是失去一位顾客的问题。每天这么多人在排队,如果我们连您这样的顾客都留不住,我们海底捞还能开吗?”

从服务员的话语中，我们看到，海底捞的员工已经深刻理解了服务的内涵。这种服务文化不仅让员工把感动顾客作为留住顾客的一种手段，更无意中成为留住利润的一种手段。一旦顾客留了下来，也就等于把利润留了下来。相反，每流失一位顾客，都意味着企业利润的流失。这正是海底捞的聪明之处，每一分利润不正是靠着每一位顾客的支持才创造出来的吗？

张先生从内蒙古过来，听人说海底捞服务不错，便专门去吃了一次。结账时，服务员给他打了5折。张先生开玩笑地说："我可是从内蒙古过来的哦，离这里那么远，我下次不一定会来，你为什么要给我打5折啊？"

服务员回答："您不能来，但您一定会告诉你的朋友。"

当每位来海底捞就餐的顾客离去后仍津津乐道于海底捞的种种好的时候，当每位顾客都在向他的朋友推荐海底捞的服务、海底捞这家店的时候，他们已在无意中为海底捞做了免费的广告。这种宣传是最高效、最具说服力的，其带来的直接效果就是，有更多的顾客蜂拥而至，有更多的顾客宁愿在海底捞的等候大厅里花一个小时、两个小时甚至三个小时的时间耐心等待，等待享受他们听说的美味火锅与"变态"服务。

一可以传十，十可以传百，百可以传千，这就是口碑广告的魅力所在，也是海底捞的聪明所在。

但凡生意人，都明白顾客至上的道理，商家也有各自吸引"上帝"的三十六计。如何留住老顾客，扩展新顾客，是每个企业家都要面临的问题。

张勇的"客户至上"理念深深烙印在每个海底捞人的身上，或者说，每位海底捞员工的行动都是一面映射张勇内心世界的镜子。从

海底捞的经验中,我们可以总结出以下几点:

第一,在企业刚起步或者客户群较少时,必须通过创新挖掘出潜在顾客。

譬如,在果汁进入中国市场以前,人们习惯喝牛奶和豆浆。汇源则在果蔬领域创造了一个新的需求,给顾客提供了新的选择——果汁。在企业采取创新,以信贷、广告或推销等方法创造出需要以前,需要可能并不存在。所以,创业者的任务就是把顾客心中存有但目前无法满足的需求挖掘出来,为顾客创造更好的价值。这是一个发现新大陆的过程,它比挤破脑袋跟着千军万马抢独木桥要高明得多。

第二,留住来之不易的老顾客。

通过建立顾客档案,研究每个顾客的消费习惯等留住顾客群。亚马逊公司采用了客户关系管理系统来管理客户。通过这套系统,亚马逊公司分析每位顾客的原始资料(年龄、性别、地理位置、家庭情况、收入情况等)和历史交易记录,从而推断顾客的消费习惯、消费心理、消费层次、忠诚度和潜在价值。根据顾客的不同需求和习惯,向顾客提供一对一的个性化服务。顾客每次在网站上的浏览和订购情况都被亚马逊公司记录下来,通过分析其长期的交易情况,公司可以得知顾客基本的需求和消费嗜好,然后向顾客推荐他可能想要的商品,减少营销的盲目性,获得顾客的认可。

第三,为员工提供创新和发挥的舞台,因为面对顾客的不是企业管理层,而是一线员工。

管理大师德鲁克要求企业家为员工提供创新的机遇和平台。为此,海尔集团CEO(首席执行官)张瑞敏改变了企业的组织形式,将金字塔翻转过来,直接面向顾客的员工在最上面,领导层自下而上提供支持。这样不仅提高了组织管理效率,而且使企业更接近顾客,更了解顾客的需求。

第四，拓展新顾客，以顾客“生产”顾客。

拉住老顾客的心，通过顾客间的口耳相传，吸引更多的顾客，这样远比企业狂轰滥炸式的宣传、打广告有效。

第五，随时和顾客沟通，了解顾客的心声，让顾客有发言权。

成功的管理者懂得聆听，他们能够认真地听、有兴致地听，听懂顾客的话，从而弄明白顾客的心理，找准顾客心理的突破口，有的放矢，最终顺利地实现交易。管理者不仅要学会聆听，还应该引导、鼓励顾客多说自己的事情，这才是聆听的真正秘诀所在。谈论顾客最感兴趣的话题是通往其内心的捷径，只有这样，你才能从聆听中获得最有用的信息，了解顾客的真实想法和内心需求，找到突破口，最终达成交易。

8.锻造品牌，提高顾客忠诚度

当下社会人口流动性极大，海底捞也很难满足每一位顾客的口味需求，譬如在传统吃麻辣的四川地区，也同样有大量滴辣不沾的外省人。而火锅工艺的流程化让整个火锅行业更像个工业，不存在火锅口味“秘籍”之类的说法，每家火锅店都采用差不多的工艺流程。

面对顾客众口难调以及火锅店菜品口味差异不大的问题，张勇采取着力经营“海底捞”品牌的方法，让顾客在选择火锅店时，脑中自然蹦出“海底捞”3个字。

在各种各样的餐饮行业中，火锅业属于中低端、大众化的行业。

行业中千千万万个火锅店，自然也分三六九等。虽然海底捞起步时的规模只能算作九等末节之流，但在品质和服务上，至少是优于很多大火锅店的。从海底捞“出生”起，就注定了它不是一个中低端的品牌，因为海底捞的缔造者张勇将它定位成火锅行业的标杆。

早年间，张勇接受采访时，还略有羞涩地表示：“我觉得做生意嘛，你没有必要非说自己要建设一个民族品牌，我念的书又不多，那种建民族品牌的事情让那些念过书的人去做吧，我们这些人过过小日子就可以了。”

到了这两年，张勇不再掩饰自己内心的想法，他希望海底捞能成为国内火锅业的第一品牌。做品牌与做生意相比完全是两码事：做生意无非就是赚钱，做品牌却可能要面对有利益不赚，甚至倒贴的情形。做普通火锅店也只需要分店够多，硬件跟得上就行，而做海底捞这块招牌，相比于硬件，软实力更为重要。

为了打造高端品牌，张勇有意放慢海底捞的扩展速度，多年来多次拒绝投资银行的投资，专注于将更多的金钱与精力投入海底捞的软件提升中。张勇在提升海底捞软实力过程中，着力去除海底捞早期的人治色彩，促使员工考核、原料配送等原有的软性标准向硬性标准靠近。在张勇看来，海底捞早期的软性人性化管理的确很成功，但伴随着海底捞的发展，最终必将被硬性标准化制度所取代。

海底捞还与美国夏晖公司合作，在全国建立了4个现代化的原料配送中心。从农户手中购得的原料先要经过全面的质量检测，随后进入冷库；在经过第二道质量检测之后，原料进入自动清洗、分离、甩干流程；经过第三道严密的细菌含量检测之后，才能包装运往各个分店。进入海底捞分店之后，一线服务员只需要拆装、称重、配菜即可。接下来，张勇还会进一步推进海底捞的硬性转变，建立智能化的火锅店，从顾客进门、点餐、下单、配菜、上菜等环节，全部实现自动化，劳动密集型的餐饮业甚至将没有服务员的身影，不过目前还处于试验阶段。

品牌是企业的宝贵财富，更是能承载企业并帮助企业实现腾飞的翅膀，只有精心培养呵护品牌，企业才能展翅高飞，翱翔于九天之外。

现在提起韩国，人们自然而然就会想起三星、现代和LG等知名品牌。韩国企业自主品牌的形象，既代表了韩国的国家形象，也象征着韩国的经济实力，更是韩国企业赢得竞争的关键。

以南美市场为例，过去的几年中，三星和LG的显示器占到了市场份额的70%以上；而在高端手机市场，两大韩国企业三星和LG则分别占据了40%的市场份额。与此同时，韩国在世界造船市场上也占有最大份额，2004年时达到了44%的市场占有率；韩国产的计算机存储器占世界市场的50%以上；超薄液晶显示装置的世界市场占有率为37%。

靠品牌引领，韩国产品在国际市场上不断扩张，不断攻城略地，为韩国企业在世界经济版图上谋求到了自己的一席之地，也赢得一定程度的话语权。

随着中国市场全球化进程的加速，品牌之争已经蔓延到人们生活的各个角落。从前可能还有人会说品牌其实就是一个去壳包装，撕掉包装后的内容都是一样的。可现在，大家的观点都发生了变化。人们普遍达成了一个共识：品牌是产品的声誉和生命，离开了品牌，产品将无法生存。

那么，既然品牌对企业如此重要，企业应该如何提升品牌的核心竞争力呢？

(1)品牌竞争力的先决条件是企业必须有核心竞争力

企业核心竞争力是指企业赖以生存和发展的关键要素，比如某些核心技术、技能和管理机制等。一个连续取得成功的企业必定有其核心能力，这种能力需要开发、培养、不断巩固以及更新，因为即使企业先前建立了核心竞争力，也还有可能会瓦解。因此，如何保持企业的竞争力就成了企业经营管理中的重要问题。品牌竞争力是企业竞争力在市场上的商品化表现，也可以说是企业竞争力物化的表现。

(2)信守承诺是企业品牌竞争力建立的关键点

很多企业品牌，其致命弱点就是“轻承诺，不守信”。如果企业要增强自己品牌的竞争力，首先要遵循基本的商业游戏规则，这是企业与国际接轨的第一步。美国总统富兰克林在《给一个年轻商人的忠告》中有一句话：“切记，信用就是金钱。”的确，市场经济的核心是信用经济，而以商业承诺为基石的品牌竞争力核心也必然是信用。

(3)品牌竞争力的核心是满足顾客需要

品牌就等于顾客，拥有顾客才意味着拥有品牌，满足顾客需求和维系顾客关系的能力是衡量企业品牌竞争力的一项重要指标。

(4)专业化是增强品牌核心竞争力的路径

根据《财富》杂志的统计，全球500强企业中，单项产品销售额占企业总销售额比重95%以上的有140家，占500强总数的28%；主导产品销售额占总销售额70%~95%的有194家，占38.8%；相关产品销售额占总销售70%的有146家，占29.2%。这说明500强企业品牌的核心竞争力来自于他们最擅长的行业，而不是面面俱到的多元化品牌。

总之，现代企业战略的重点在于最大限度地创造强势品牌，从而保证企业能够成为竞争中的强者，并长期发展下去。

每一位企业管理者都知道品牌能够带来效益，但如何创造属于自己的品牌是个复杂的问题。除了海底捞的以服务创品牌以外，其实企业有很多途径可以选择，走出自己的品牌之路。

(1)核心技术。拥有核心技术，品牌才能响亮。

(2)产品特色。在汽车行业中，汽车的核心技术已相差无几，其品牌的建立主要依靠产品特色。具备了别人无法取代的特色，产品品牌才能稳定。特色一旦形成，就会成为产品的一部分，别人无法复制。譬如日本汽车的经济实惠、德国汽车的安全性能等，都是自身的特色。

(3)独特创意。用一种创意把硬资源和软资源结合起来，形成自己的知识产权或一种经营模式或产品样式，通过品牌使知识产权得到保护。麦当劳、肯德基都是美国快餐，但经过不同的创意形成了不同的品牌。我国也有不少成功案例，北京的“全聚德”烤鸭、天津的“狗不理”包子就是杰出代表。

(4)优势产业。通过优势产业造就品牌也是许多企业的成功之路。中集集团就是借助于集装箱这个优势产业成了全世界最大的集装箱企业，成为行业内一个很有生命力的品牌。

(5)优势环节。在整个行业处于劣势的情况下，如果能抓住优势环节，也可以造就自己的品牌。

第三章

战略之道:准确定位,及时调整

1.目标是任何工作的中心

没有目标的行动与梦游没有什么两样。如果你在工作时没有目标,就会失去方向,这样自然不利于提高工作效率,更不要说什么更高的绩效了。如果你想让现有的效率有所突破,达到更高的水平,首先一定要确定自己的目标。

1994年,张勇用6000元钱在四川老家简阳县租下了一间不大的门店,挂起了“海底捞火锅城”的招牌。2010年,也就是16年后,海底捞在北京、上海、西安、郑州、天津、南京、沈阳等全国多个城市拥有50多家直营店,4个大型现代化物流配送基地和一个原料生产基地。2009年,海底捞营业额近10亿元,拥有员工10000多人。如此巨大的成功离不开海底捞所有员工的努力,但更重要的动力则来自于张勇从一开始就定下的宏伟目标——“十年内，要把海底捞做成中国火锅第一品牌！”

目标是本，任何一项工作都必须以目标为中心。它是一种“行动的承诺”，有助于推进工作速度，借以达成你背负的使命；它同时又是一种“标准”，借以测度你的行动绩效。只有把注意力凝聚在目标上，你才能清楚地懂得自己应该做什么，应该怎样做，并能准确评价自己做得怎么样。也只有了解了这些，你才能更好地完成既定的目标。

张勇的目标是明确的，有了明确的目标，执行力才会有前进的方向，而不是盲人骑马，走到哪算哪。企业目标明确了，不同的职能部门、不同的员工在工作中才能形成一股合力，从而更好地发挥知识与技能的聚合作用，更好地促进目标的达成。

海底捞的发展从来不是靠运气，而是有着明确的远景规划。企业的远景规划是制订战略的前提条件，如果公司前进的方向尚不明确，也不知道在竞争中获得成功需要建立哪些能力，那么公司的战略制订及经营决策就会缺乏明确的指导，就像在黑暗的大海中航行的轮船没有灯塔的指引一样，很难取得成功。

公司的远景规划描述的往往是一段较长时间后公司的理想状态，要想达到这种理想状态，公司的管理者和员工需要付出持久、积极的努力。在这个过程中，需要不断地对公司的运营状况进行评估与监控，衡量公司的现实运营是否保持正确的方向，前进的速度是否足够快。

建立目标体系就是要将公司的远景规划和业务使命转换成明确具体的业绩目标，从而使公司的发展过程有一个可以衡量的标准。明确一致的目标是高效率公司共同的特征之一。好的目标体系能使公司的各级执行者在采取行动时方向更加明确，努力更加有成效。同时,好的目标体系也具有一定的挑战性,具有挑战性的目标往往能使公司更具创造力,使员工的紧迫感和自豪感更强烈。也就是说,如果你想获得卓越的成果,就应该制订卓越的目标。

一个有成就的领导者,总是能够为他领导的组织选准前进方向,确立明确的目标。众所周知,人类的实践活动都是在自觉的目标指导下进行的,人们在行动之前都要自觉地预先提出目标,所以领导者对目标的决断至关重要。张勇正是凭着坚定的目标,使得海底捞一步步成长壮大,而不是在竞争的洪流中被冲刷下来。

一个领导者能不能做出英明决断,主要体现在他能不能为其组织找对前进的方向,特别体现在发展战略目标决断上是否正确。因此,成功的领导者不仅要有创造美好未来、争取做成盖世无双的大事业的雄心壮志,更要有远见的卓识以及把握趋势、洞察先机的过人能力。

如今,诺基亚虽已退出了手机市场,但它曾经创造的销售神话却没那么容易被人淡忘。

当诺基亚成为名扬天下的大公司时,许多人都误以为它来自美国或者日本这种盛产大企业的国家。其实,几十年前,诺基亚只是北欧一个名不见经传的小国的普通公司。诺基亚后来能取得那么大的成就,很大程度上取决于当年担任公司CEO(首席执行官)的约玛·奥利拉这位传奇人物对公司发展战略目标做出的超群决断。

1865年,诺基亚公司诞生在芬兰的一个小镇上。一个多世纪以来,诺基亚公司从事过造纸、橡胶、机械、电缆等不同行业产品的生产经营,据说还做过靴子。进入20世纪90年代,公司开始转为经营计算机、电子消费品和电信产品的高科技集团公司。1988年,当时只有38岁的奥利拉在诺基亚公司一个规模很小的移动电话事业部任职。1992年,奥利拉被公司董事会任命为CEO。这时,42岁的奥利拉有了他一展才华的好机会。这位刚上任的CEO预测了未来电信市场的广阔前景，高瞻远瞩地提出了"未来将属于通信时代，诺基亚要成为世界性电信公司"的观点。从此，诺基亚就确立了发展移动电话的战略目标。奥利拉为实现这一目标，果断地砍掉了其他一些业务，集中主要资金和人力资源，进行通信器材和多媒体技术的研究开发。

在短短7年的时间里，诺基亚得到了飞速发展，由不知名的企业一跃成为世界500强之一。这一战略转折给我们的启示是：一位高明的领导者总会在关键时刻对未来的目标做出明确的决断，并以顽强的毅力使当年不可思议的愿望变成现实。

在成功的企业中，领导层必须设计一个明确的远景目标，这个目标要明确整个组织前进的方向，不论对客户、股东还是员工，都要有很强的吸引力。基于理性的分析和思考，再加上一部分梦想的成分，一个清晰、明确的远景蓝图就会产生，相应地，赖以实现这个远景的行动战略和执行精神也将水到渠成，使公司全体向着一个方向前进。

如果一个企业的目标不明确，它势必会在成长的道路上迷失方向。而且，没有明晰的目标和决心，管理也会一团糟。因为没有人知道前进的方向是否正确，没有人知道自己的目标是否能够达成，也没有人知道自己的努力是在加速成功还是在加速失败，更没有人知道企业的明天会如何。海底捞设立目标和实现目标的决心值得每一个人参考和学习。

2.成功就是坚持再坚持

在张勇看来，海底捞的创业过程似乎从来没有遭遇过什么困难。或许，张勇天生就具备超乎凡人的复原能力，所以对他而言，世上根本不存在“艰难”二字。事实上，张勇的创业之路并非一马平川、畅通无阻。

1988年，张勇从技校毕业之后，被分配到四川拖拉机厂的车间工作。但他对此根本提不起兴趣，总是趁着闲暇之余寻找创业机会。有一次，他偶然在成都发现了一种“押大小”的扑克机游戏。张勇心中一动，拿着东拼西凑的5000元去购买扑克机。然而，在去成都的长途汽车上，张勇却被人骗走了1200元。怀揣着剩下的3800元，张勇的生意不了了之。

虽然从商的第一步以失败告终，但张勇没有放弃继续寻找商机。不久之后，他开始琢磨着在简阳到成都的公路旁倒卖汽油。那个时候，汽油是由国家计划控制的，张勇想将从公家司机那里收来的油票贩卖给私人司机。但当这个想法真正付诸实践的时候，张勇什么也没得到，除了一身灰尘。每当车辆经过的时候，他就会举起写着“收油”的牌子，但连续守了两天，也没有一辆车停下来。直到第二天夜晚，一辆解放车出现在张勇的视线中，这让他一阵欣喜。他一手高举着牌子，一手不停向司机挥着手。这一次，车停了下来。满怀希望的张勇走向司机，没想到司机缓缓摇下车窗，顺势朝张勇吐了一口唾沫，然后踩下油门绝尘而去。就这样，张勇的汽油生意也无疾而终。

这次尝试失败后，张勇又开始寻找新的机会。当他在成都看到小火锅特别流行时，就在简阳支起了4张小桌子，开始了第三次创业——麻辣烫。这就是海底捞的前身。尽管在创业途中遭遇到了诸多波折，但张勇并没有被困难吓倒，而是选择继续前行。正是这种“跌倒后从头再来”的精神，成就了张勇的事业。

海底捞刚刚在新加坡开业的时候，由于服务人员的签证问题，店里没有足够的人手，所以经常有顾客无法订位的情况，这使得海底捞的服务一时无法全盘周转起来。然而，这个问题并没有吓跑海底捞进军海外的决心。一方面，海底捞公司帮助员工担保，并向新加坡移民局上诉，积极促进赴新员工工作准证的批准工作；另一方面，店经理时常会客串起服务员的角色，负责端茶送菜。经过两个月的努力，签证问题基本得到了解决。

面对海外市场的问题时，海底捞没有退缩，而是竭尽所能积极应对。创业本身就是一个艰苦的过程，不可能一帆风顺，最后能够取得成功的人都必定拥有顽强的生命力，能够及时从失败中爬起来。正如阿里巴巴集团创始人马云所说：“今天很残酷，明天更残酷，后天很美好，但绝大多数人都死在了明天的晚上，见不到后天新生的太阳。”其实，跌倒并不可怕，可怕的是跌倒之后一蹶不振。如果在面对困境的时候依然能勇往直前，成功也许就在不远处。

现在，人们在马云的身上看到的大都是他的睿智，但在过去很长一段时间里，很多人都给了他另一个的评价，那就是“傻”。事实上，从马云选择创业开始，无数人见证了马云是如何通过自身“傻坚持”的那股劲儿一步步走向成功的。

1992年，马云已是一名优秀的青年教师，但他始终认为自己年纪太轻，没有什么生活经验，还不适合做老师。可见，他对教师这个职业还是有很高的定位的。

而此时，浙江一些做外贸生意的民营企业经常邀请马云做他们的专职翻译。请马云的人很多，有时，他一天能接到很多“订单”。渐渐地，马云感觉自己一个人根本做不过来。此时，他想到了学校里的一些退休老教师。他们整日赋闲在家，退休金又低，最重要的是退休后心理上会感到寂寞和失落。于是，马云开始考虑成立一个专业的翻译机构，如此一来，既能减轻自己的负担，也能让那些老教师们赚点外快补贴家用。

马云最大的优点就是，他不是一个喜欢空想的人，他喜欢把自己每一个成熟的想法都付诸实践。

没过多久，马云就和朋友一起在杭州注册成立了一家专业的翻译机构——海博翻译社。在马云的创业历程中，它不是最光辉、最灿烂的一页，却是马云试水商海迈出的第一步。

海博翻译社的员工除了马云和他的创业伙伴之外，主要由一些退休的英语教师兼职来做。仍然是全职教师的马云平时要在学校给学生们上课，只有在课余时间才有空打理这个翻译社。

然而，这个新成立的翻译机构并没有迅速为市场所接受。虽然很多场合都需要翻译，精通英语的人也确实有限，但这毕竟是杭州第一家翻译机构，精明的商人不愿意为不了解的公司埋单。因此，成立之初的海博翻译社的经营举步维艰。成立后的第一个月，海博翻译社的全部收入为700元，而当时仅一个月的房租就是2400元。

这时候，周围好心的同事、朋友开始劝马云“回头是岸”。有人说：“马云，你真是犯傻了，安安稳稳地当老师多好，瞎折腾什么啊？”也有人讥讽和嘲笑他不知天高地厚。更要命的是，当初一起合伙创办翻译社的几个朋友也产生了动摇，他们甚至开始考虑让翻译社趁早“关门大吉”。然而，马云却偏不信这个邪。在内心深处，有一种信念在召唤他，那是一种无比强烈的内心呐喊：一定要继续做下去，一定不能放弃，一定能熬过去，光明一定会来临的。

为了继续生存下去，马云开始寻找新的利润增长点。大热天里，他总是一个人背着个大麻袋，从杭州跑到义乌、广州，四处批发小工艺品、小礼品，再一个人气喘吁吁地背回杭州。他混在一群小商贩中间，没人能看得出，眼前这个头发凌乱、瘦弱的年轻"小老板"竟然是一名优秀的青年教师。

就这样，在马云的一手操劳和打理下，原本以接翻译业务为主的海博翻译社，竟变成了"海博杂货店"。从鲜花到礼品，从袜子到内衣，但凡能稍微有些利润的小商品，马云通通背回来卖。

此外，马云的"多元化"战线甚至一度拉到了医疗领域，他销售过一年有余的医药和医疗器材。而当时推销的对象，上至大医院，下至赤脚医生。为了能把货卖出去，他吃尽了闭门羹，遭尽了白眼。

日复一日，年复一年，马云的"倒爷"生涯整整持续了3年，才让这个原本早已是奄奄一息的翻译社奇迹般地起死回生。到1994年时，海博翻译社基本实现收支平衡；1995年，开始逐步实现赢利。如今的海博翻译社，正如马云当年所愿，已经成为杭州最大的专业翻译机构。

马云不轻言放弃的顽强毅力，已被如今的海博翻译社当成一种伟大的企业精神。现在登录海博翻译社的网站时，首页上四个大字赫然在目：永不放弃。这四个字是马云亲笔题写的。这种精神，马云在之后的事业中也一直坚持着，并对其日后的发展起到了重要的作用。

孙子说："见胜不过众人之所知，非善之善者也。"意思是说，预见胜利不能超过平常人的见识，算不上最高明。言外之意，真正的成功是要获得别人意想不到的胜利。这不仅需要管理者能够出其不意，更要有直面困难的勇气。

3.产业化的经营理念

火锅作为一种适合多种消费层次的餐饮形式，取材多样，吃法灵活，精细相宜，价位适中，可适应各类消费者的不同需求，有足够的消费群体。人们都说，在中国，从南到北，从东到西，几乎无处不吃火锅；男女老少，富贵贫贱，几乎无人不吃火锅。火锅，无疑成了中国最大众化的一种饮食。

虽然火锅市场非常火爆，但并不是每个火锅店的生意都能长久红火，其中的关键在于这家店的经营理念。也就是说，如果你对火锅的认识还只停留在粗糙装修的店里只有几张旧桌子、几把椅子，除了单调的麻辣火锅外毫无品种可言，那么，想要长久经营真是天方夜谭。这样缺乏管理和没有多少文化积淀及特色的火锅店普遍存在，但它们大都只能维持较短的一段时间，之后便会销声匿迹。

其实，火锅店是可以从小店做起的，但要有长远发展的眼光。火锅店是可以做出大产业的，成功的例子比比皆是。

以前，溧阳市周城镇火锅只是溧阳市周城镇小饭店里的一道特色菜肴，由于风味独特，每到冬天，都会引来大批慕名前来品尝周城羊肉火锅的人。蒋新宝是地道的周城人，20世纪80年代，他在周城镇开起了羊肉火锅店。羊是山坡上散养的，调料是现做现卖的，蒋新宝的小火锅店开张没多久就打出了名气，忙的时候，每天可以接待百十来个人。

直到1996年，蒋新宝有一次去超市，看见了冷冻柜里的真空包装，这个新奇的包装形式给了他启发，他想把自己的羊肉火锅成品装在这样的真空包装里，成包卖给更多爱吃火锅的人。

为此，蒋新宝和他的员工们特地改进火锅口味，到重庆去取经。通过几次实地考察，他们带回了重庆火锅的秘诀，并根据当地人的饮食习惯做了调整。经过反复实验、品尝和改良，最终确定下了现在的"金山火锅"的口味。于是蒋新宝将羊肉火锅从厨房烹制引向批量生产，并不断做足品牌特色，很快形成产业化的经营路子。真空包装的羊肉火锅、牛肉火锅产品走进了无锡、常州、上海等大中城市的超市。现在，"金山火锅""许兴贵羊肉火锅"品牌的真空产品成了溧阳的明星产品，来到这里的人都会把它当成特产买回去送人。

火锅是中国餐饮市场中的一个大家族，例如皇城老妈、谭鱼头、竹园村火锅、重庆小天鹅、东来顺、小肥羊、老成都等，给中国餐饮市场带来了无限的活力。在四川简阳起家的小火锅店——海底捞，已经发展成为如今拥有一万余名员工，拥有一批食品、饮食、营养、工程、仓储、管理方面的专家和专业技术人员的大型餐饮产业，在继承四川餐饮文化原有的"麻、辣、鲜、香、嫩、脆"等特色的基础上，在技术和服务上不断创新，生意日渐红火。

像海底捞这样的火锅企业的生意之所以比较火爆，是因为他们创造的文化氛围和文化内涵已经得到了不少食客和业界同人的认可，他们的发展不断适应着市场的变化。在运营模式及理念创新方面，他们坚持走品牌创新、品牌经营的发展路线，建立火锅餐饮产业的品牌发展战略与产业化的发展模式。海底捞将火锅的历史渊源、演变发展、烹饪技法及所蕴含的思想文化、精神内涵等，赋予了准确、全面、权威的解注。它整合地方特色饮食资源，打造自己的特色品牌，形成了"融合川人川味、蜀地蜀风"的特色品牌文化。

我国餐饮业整体已初步形成了投资主体多元化、经营业态多样化、经营方式连锁化、品牌建设特色化、市场需求大众化、从传统产业向现代产业转型的发展新格局，而国家扩大内需和加快服务业发展战略更是为餐饮业的发展带来了新机遇。区域性的发展已经不再适应“做强做大”和“走出去”的新思路，如何把火锅产业化的口号喊响，如何把火锅推向全国、推向世界，让餐饮与文化结合，与经济结合，已成为火锅餐饮业的发展方向。在这种背景下，产业化的经营成了火锅行业必不可少的方式，产业化经营能让企业更具竞争力，得到更长远的发展。

4.定位准确就成功了一半

定位是一种营销战略理念。广义而言，无论是一个国家、一个企业，还是一个人，为了获得成功都必须“自我经营”“自我推销”，因而也都有一个正确定位的问题。具体到创业上来说，就是指商品或服务的推销必须有一个正确的定位，必须借助差别化战略，在预期的客户头脑中占有一个有利的位置。俗话说：“世间无弃物，关键在定位。”不管一个人以何种方式成功，关键并不取决于你的出身、相貌、学历等，只要你能选定一个位置，把握住一个方向，坚定一个信念，勇敢地走下去，持之以恒，不畏艰险，就必有所成。

餐饮业是一个普通而又令人难以琢磨的行业。说它普通，是因为它和我们日常的生活、工作息息相关。选择餐饮行业，餐馆定位很重要，这就是说它难以琢磨的原因。在品种繁多的餐饮行业里，你要选择哪种菜系、哪种规模、哪种经营方式、什么地理位置等，都是你要做的定位工作。定位是在消费者大脑当中寻找空缺，如市场、服务的空缺。

当然，这个只是大体的定位方向。定位不是自己想象出来的，而是要首先认清自身条件，然后再通过实地考察决定的。

如果定位不准，例如餐馆开的位置不对，空有高级的装潢、美味的食物、优雅的气氛，却吸引不了顾客进门，或是设计的方式、装修的风格、服务的定位和周围到这儿来吃饭的顾客的定位不合拍，或是产品不合适，这些都会造成经营失败。俗话说："一步差三市。"是说近在咫尺的店铺，其人气兴旺度有时会有巨大差别。但这个"市"并非仅指繁华度，更多的是指与定位相适应的"市道"。比如，许多高雅讲求情趣的餐饮店开在喧哗闹市区不见得是上上之选。

创业有了大体的方向后，接下来需要做的就是定位经营规模。有些人有强大的经济基础，他们的起点就会比较高，可能会加盟一些品牌连锁店。还有一些人是中等投资人，比如说一个在大公司上班的人，通常有教育基础，较懂得钱滚钱的投资手法。这类人较有闲资，其能力足以创业。但这类人所有的钱还不足以开大公司，所以，他们可开一家精致的中小型的店。但要注意的是，并不是每一个行业都可以小本创业，也不是每一种行业都有正当创业的时机。以上两种投资方法都不适合张勇，他当时是一个工厂的普通工人，没有什么积蓄，所以他选择小本经营，选择由小做起。

像张勇这类没有什么餐饮行业经验的中小型投资者，店面要尽量开在自己熟悉的区域，这样更容易掌握目标客户的需求状况。在选择产品上则尽可能选择当地的大众化产品，因为大众化产品毕竟有着牢固的消费者基础，经营风险系数低，与后进入该区域的企业比，容易建立品牌优势。

刚开店时，张勇几乎完全没有经验，买的东西味道也一般。但张勇清楚地知道他的顾客群在哪里，一两毛钱的麻辣烫就要卖给那些喜爱小吃，但不讲究排场，对味道要求也没那么严格的人群。这类人群有个特点，他们很重视是否能吃得划算、吃得舒心，所以张勇的店经常会赠送给顾客一些东西，或是给顾客打个折，虽然赚得少，但可以累积人气。通过市场定位，张勇明白他的店所处的位置，面对的是什么类型和层次的顾客，然后根据需求确定方向。也就是说，顾客有什么样的需求，市场就提供什么样的产品。

准确进行市场分析是成功进行定位的基础，如果没有这个基础，后面的因素就可能是在做无用功。张勇的小店在他进行一系列定位后，经营有了起色，来的人也越来越多，大家喜欢这个小店的氛围，服务热情，有时还会有些惊喜。

若心中决定做好一个行业，就应该大胆地付诸实行。而付诸实行的步骤不是立即开业，而是先做好各项准备工作，如资料搜集等。创业者的准备工作若做得充足，心里自然就会有底气，在采取决策和面对困难时就能做到游刃有余，这样，创业的第一步才会走得比较稳。

都说良好的开端是成功的一半，海底捞的发展轨迹告诉了我们另一个道理：有良好的定位才能有良好的开端，才是成功的一半。

定位对一个公司来说是很重要的，因为定位决定了什么是你要做的，什么是你不用去做的。

餐饮行内人说过一句话："餐饮行业，每年的倒闭概率高于20%。"海底捞是如何躲过这20%概率的呢？因为它有清晰的发展方向和最可行的计划，这些帮助它发挥出了自身的优势，扬长避短，进而形成品牌特色。没有定位，人们就无法给予企业一个准确的认识，换句话说，就是别人都不知道你是做什么的，怎么会记住你呢？因此，定位对一个企业来说是极其重要的，尤其是在成长初期。

1997年，海底捞的营业面积扩大到了1500平方米。到1998年8月，海底捞在简阳市丝棉小区开了第一家分店，成了当地颇具特色的火锅店，名气也越来越大。在简阳市经营得有声有色的海底捞有了迈到省外的打算。但在此之前，张勇需要找准定位，定位在哪个省、哪个城市是关键的一步。

准确进行市场定位，主要不是指简单地将某个客观存在的市场被真实、明确地认识并被恰当地表达出来，而是指企业发现并选择一个消费者有真实需求的市场；同时，本企业资源所能支持的市场，是能使本企业及品牌得到长足发展的一组市场中最优的市场。张勇经过仔细分析后，发现西安餐饮市场颇具潜力，决定在这里开省外的第一家分店。

想要在竞争中取胜，就需要拥有竞争者无法模仿的技术和独特的服务方式，才能让顾客盈门。在西安，就火锅这个行业来说，从店面的经营规模来看，经营面积在2500平方米以上的大型火锅店，当时有近20家，各有特色。在面对西安竞争激烈的餐饮市场时，海底捞要打出自己的品牌特色才能有竞争力。

企业要在具有明确市场定位的前提下，确定主打的品牌品种和独特的经营风格，在企业模式、品种选择、经营风格与发展特色方面更加突出自身鲜明的个性，避免简单和雷同，以形成市场中的价值和特色，形成企业文化品牌的基础。所以，为了让消费者吃得放心，海底捞将自己的品牌特色定位为“绿色，健康，营养”。

同时，为了让消费者吃得开心，海底捞在服务上也做出了自己的特色。有人说海底捞虽然是一家火锅店，但它的核心业务却不是餐饮，而是服务。在将员工的主观能动性发挥到极致的情况下，“海底捞特色”日益丰富。

为了全面打开西安市场，从而更好地拓展全国市场，海底捞将价格定在大众水平，让消费者感受到真正的实惠。海底捞的火锅有10多种锅底，49～100元不等，所有的菜品都可以叫半份，从而使顾客品尝到更多种类的美食，而且价格不高。

刚刚起步的餐饮企业要有意识地根据自身的接待能力来进行市场定位，切忌好高骛远。当然，这并不是让你在确定市场定位时排斥一些消费能力强的客人，而是要把主要的精力放在具有相当规模、能给本店创造经济效益的顾客群体上。

进入西安市场后，海底捞凭借其优质的服务和实惠的价格，很快就赢得了广大西安消费者的好评。2000年，海底捞在西安建设路开办了第二家分店，营业面积为2000平方米。2001年，四川省简阳市海底捞餐饮有限责任公司正式成立。

准确定位是一个企业打造品牌成功的一半。选取好的战略方法，有着清晰的品牌定位，对于企业的长远发展来说是一个事半功倍的关键，可以让消费者清晰地识别记住品牌的特征及品牌的核心价值。有了定位，在产品、服务、经营管理等方面都要围绕品牌定位去做，中间需要投入大量的人力物力，所以尽快定好品牌战略，能让企业稳步驶向成功的彼岸。

5.适时做出调整，迎合市场特色

顾客处于餐饮业供应链的终端，它能推动整个餐饮连锁业经营活动的开展。海底捞作为餐饮连锁企业，与传统单店经营的餐饮企业相比，优势之一是餐饮连锁分店分布在不同的多个区域，能够获得不同区域的更多顾客，并能根据不同地区的顾客和消费水平制定不同的策略。事实上，很多餐饮企业在本土成长起来以后，都会在本市或者在本省范围内开第二家分店，或者直接进入一线城市。然而，越来越多的餐饮店却因水土不服吃了大亏，那是因为他们在经营中只看到了表面的统一。

当海底捞在四川取得成功后，自然也有了扩大经营范围的打算，但张勇等人并没有急于扩张，而是先做了市场考察，选择了火锅受众人群高的西安，而不是北京、上海等一线城市。

1999年4月，西安市雁塔区海底捞火锅城开业，开始时也有明显的水土不服的现象，经营之初半年内便亏损了累计达30万元。西安海底捞总经理杨小丽为了改变这种境况，找出水土不服的原因，细心地调查和总结，学习观摩其他店铺的管理服务经验，了解当地消费者的喜好，最终制订了符合本地发展实际的扩大宣传和创立为顾客周密服务项目的计划，并以市场为导向，搞好诚信优质服务，秉承尊重消费者的服务理念，不断创新管理和提升服务质量。经过近3年时间的摸索和调整，海底捞不但适应了西安餐饮市场，扭亏为盈，而且又陆续开了两家分店。

海底捞的经验告诉我们，不注重市场调研，不照顾地方的风俗习惯、消费特点，完全用同一种战术，是不可行的。

你在一个省可以赢得市场，但这并不代表同样的模式也适合其他省市。没有进行严格的市场调研，或者说没有足够的时间进行市场分析，就无法针对新的市场做出有效的策略。如果目标客户的需求已通过其他餐饮企业的产品得到了满足，这时就需要你调整餐饮特色的侧重点，选择更具竞争力的同层次的其他产品。如果该区域内本地普遍性产品、种类、经营店铺等的数量趋于饱和，则可选择与目标客户潜在需求相适应的外来产品品种，以满足目标客户的求新要求。另外，人才的选用是快速扩张的最大障碍。对本公司的管理模式和操作流程不熟悉就被派往分店进行管理并居主要管理岗位及其他因素，均可导致快速扩张变成快速死亡，并且使原有的品牌发展受到极大的影响。

海底捞的调料不是一般的川味火锅的调料,除了一般的麻酱和油碟外,还有海底捞自制的调料。这种调料里面加了十几种不同的作料,开吃之前把锅里的鲜汤盛在调料碗里,就成为了美味的独特调料,还可以根据个性喜欢选择辣或者不辣。为了配合消费者的口味,海底捞将其改成自助式,20多种原材料任由消费者自己根据需要进行搭配。

人们吃饭经历了吃饱求生存、好吃求美味、吃好求健康三个阶段。目前,健康美食和绿色餐饮已成为餐饮业的重要选择,很多酒店以健康作为自己的一个营销热点来吸引消费者。在信息化的都市生活中,人们在忙碌之余越来越重视自己的健康状况,于是,海底捞在食品安全的前提下,针对长期生活在都市压力下的人群推出了自己的健康绿色菜品。

现代都市里,很多人既想享受美食,又担心自己会成为"三高"人群。针对这些人,海底捞推出了能预防肥胖以及胆固醇升高等城市病、现代病,保持人体生态平衡的系列食品。另外,都市污染严重,人们很难保证吃进嘴里的东西是无污染的,所以海底捞推出了健康绿色系列菜品,让顾客能够吃到安全无害、无污染、绝对新鲜的食品。针对都市的老人和孩子这类微量元素容易流失的人群,海底捞又在研究一系列能够补充人体所缺乏的各种微量元素,具有增强体力和开发智力功能的产品。海底捞这一切的策略都是因为他们了解到,今天餐饮界的顾客需求具有多样性和个性化的特点,不断发生着变化,因而在分析这些顾客信息的时候要注意信息的真实性、连续性和时效性,采取的策略应该与时俱进。

今天的海底捞之所以能成为在四川、陕西、北京、河南、上海等省市颇具知名度的餐饮企业，是因为它抓住了这些地区的饮食特点和消费人群的需求。不同地区就有不同的饮食需要和习惯，同一地区也有不同类型的顾客，这就要求餐饮企业要适时做出调整，迎合整个市场。菜品选型、产品类别、产品组合作为餐饮业成败的决定因素，只有不断地研发、不断地创新、不断领先，才能在激烈的市场竞争中赢得优势，在经营餐饮上就要做到"一样的花朵不一样地开"，并开得更长久。

6.做好危机管理，敢于承认错误

2011年7月，餐饮连锁巨头肯德基率先被曝出豆浆勾兑问题，随后，味千拉面、永和豆浆、山西老陈醋均被曝出存在勾兑现象。就在人们纷纷扰扰热议的时候，餐饮行业的神话海底捞也被曝出了骨汤勾兑问题。一时间，海底捞被推上了舆论的风口浪尖，其多年经营的金字招牌随时可能灰飞烟灭。

面对前所未有的信誉危机，海底捞展现了惊人的危机公关能力。与其他企业遮遮掩掩、闪烁其词不同，海底捞在第一时间就承认骨汤的确是勾兑而成，并对顾客关心的问题逐一做出了详细解答。

首先是为什么要勾兑骨汤。海底捞在官方声明中表示：海底捞以前的骨汤的确是现场熬制，但随着规模逐渐扩大，现场熬制这一传统工艺已经难以满足目前的顾客需求量；而且为了保证骨汤口味的安全性和稳定性，勾兑可以很好地解决这一问题。

其次是海底捞骨汤如何勾兑。海底捞向人们透露了整个骨汤勾兑的过程：先从装满骨白汤料的包装中舀取骨白汤料，称重后加入一定量的开水，比例是每千克骨白汤料配上100千克开水，大概能勾兑出40锅锅底；随后将混合物均匀搅拌，搅拌后再放入特制的搅拌器内进行最后的搅拌，形成餐桌上的骨汤。海底捞不仅公布勾兑过程，还承诺向人们开放厨房，谁都可以进入厨房观摩骨汤勾兑过程。

勾兑出的骨汤合法、健康吗？海底捞详细介绍了骨白汤料的进货渠道和制作过程，海底捞的骨白汤料全部从国家正规原料厂家——北京华都肉鸡公司进货，并附上了供应商的营业执照等证件。同时，华都肉鸡公司还开出了一份《火锅专用汤》的制作说明书：骨白汤料主要原料是猪骨和鸡骨，简要过程是原料加水—蒸汽加热—静止分离—浓缩—加盐均质—杀菌—包装。海底捞表示，这种方法勾兑出的骨汤完全不存在健康安全问题，海底捞的说法得到了专家学者的认可。

此外，海底捞也对为何不让一线服务员直接解答顾客的质疑做出了解答。这并非遮遮掩掩，试图“瞒天过海”，而是海底捞目前有上万名员工，水平参差不齐，很可能出现解释不清、加重顾客误解的情况。为了进一步打消顾客疑虑，海底捞决定在北京、西安、南京等地开展专门的释疑活动，现场向顾客出具各种安全生产证书，并邀请顾客进入海底捞厨房。海底捞还保证在2012年5月前，全国各门店都会完成食品安全监管备案工作，届时人们可以自行查阅。

在整个危机公关时期，海底捞快速做出回应，直面问题，承认勾兑，并且明确表示企业从未在任何时候宣传自己的骨汤是现场熬制而成，不存在欺诈消费者的行为。最终人们也表示理解，只要骨汤安全、健康，勾兑也是可以接受的。

危机发生后，企业要果断处理，通过有计划的专业处理系统将危机的损失降到最低。积极的处理方案还能利用危机使企业树立起更优秀、负责任的形象。海底捞在“骨汤门”事件中的快速反应，以及勇于承认、积极答疑解惑、利用媒体和网络等公共传媒等手段，都是其管理层应对突发危机的智慧体现。

下面介绍的同样是一起精彩的危机公关案例。

1982年9月29日至30日，美国各媒体纷纷报道：芝加哥地区有人因服用“泰诺”止痛胶囊而死于氰中毒。一开始，报道死亡人数为3人，后又增至7人。随着新闻媒介的广泛传播，传说在美国各地有250人因氰中毒致病或死亡。这些消息的传播，引起了上亿名服用“泰诺”胶囊的消费者的极大恐慌。

事后，民意调查测验表明，94%的服药者表示今后将不再服用“泰诺”胶囊。强生公司正面临一场生死存亡的巨大危机。实际上，强生公司对回收的800万粒胶囊进行化验后，发现只有芝加哥地区的一批胶囊中有75粒胶囊受到氰化物的污染(事后查明是人为破坏)。

但危机既然已经发生了，就必须面对，为此，强生公司采取了以下措施来应对这次危机：

首先，强生公司成立了由公司董事长伯克为首的7人危机处理小组，组员中包含一名负责公关的副总经理。危机初期，危机处理小组每天都要开两次会议，对处理“泰诺”事件进行讨论、决策。

其次，经过调查，虽然只有极少量药物受到污染，但公司管理者毅然决定5天之内在全国范围内立即收回全部“泰诺”止痛胶囊，其价值近1亿美元。同时，还花费50万美元通知医生、医院、经销商停止使用该药。

这一果断决策表明强生公司为坚守自己的信条——“公众和顾客的利益第一”，不惜做出重大牺牲，以示对消费者健康的高度责任感。这一决策立即受到了舆论的广泛赞扬。《华尔街周刊》在一篇文章中称赞:“强生公司为了不使任何人再遇危险,宁可承担巨大的损失。”

最后,强生公司与新闻媒体密切合作,以坦诚的态度对待新闻媒介,迅速地传播各种消息,无论是好消息还是坏消息。不仅如此,强生还敞开公司大门,积极配合美国公众和医药管理局的调查,在5天时间内对全国收回的胶囊进行抽样检查,并向公众公布所有检查结果。

由于强生公司在“泰诺”事件发生后果断地采取了一系列正确的决策,因此重新赢得了公众和舆论的支持,使公司的信誉损失降到了最低程度。

“泰诺”事件后,美国政府和芝加哥地方当局发布了新的药品安全包装规定。强生公司抓住这一良机,进行了重返市场的公关策划,为“泰诺”止痛药设计了防污染的新式包装,重新将产品推向市场。

在短短一年的时间内,“泰诺”止痛药又重新占据了大部分市场,恢复了其发生危机前在市场上的领先地位,重新赢得了公众的信任。

从这个事例中,我们可以总结出企业发生危机后对待媒体公众的一些基本对策。

第一,追踪分析媒介的报道,分析媒介态度、立场和对问题的介入程度。

第二,根据危机的程度,决定是否需要建立临时性的新闻机构。在没有专门的新闻发布机构时,要有专人负责与媒体的联系。

第三,及时向媒体提供关于危机发生原因的调查以及公司将要采取或者已经采取的解决措施。因为任何封锁信息的举措都将迫使媒体寻找其他信息来源,这极有可能造成更多的错误。

第四,注意核查新闻稿,纠正澄清不实报道,并比较各种报道的角度，从中把握公众和媒介关注的焦点，以分析危机事件的影响程度和范围，以及组织危机处理的社会反响等。

7.放慢扩张，不急功近利

略知财经知识的人都不会对“滚雪球式”的加盟发展模式感到陌生，因为众多的大公司都曾经走过这条路。这种发展模式，优势相当明显：在企业初期资本不足的情况下，可以快速扩大市场份额，形成规模效应。但凡事有利必有弊，就像吹气球一样，过分膨胀的结局就是气球爆炸。

张勇在创立海底捞时从未想过走规模化的道路，他只是个小本买卖的生意人，只想本本分分地做好手头的火锅店。到后来，海底捞因其优质的服务声名鹊起，张勇才感受到开店的压力。身边多是催促他多开店的声音，慕名而来的消费者、国内外投行以及海底捞自身的管理层，都希望海底捞能借着名声快速在全国各大城市开满分店，甚至张勇本人也有一丝心动，哪个生意人不希望自己的生意越做越大，名利双收呢？

不过，张勇还是拒绝了快速扩张的提议。在海底捞成立之后的15年里，他只开了33家分店，为何这么保守？原因是缺人。中国最不缺的就是人，有钱难道还招不到员工吗？有多少人在肯德基或麦当劳做过暑期临时工，培训几小时就可以直接上岗，海底捞虽然比快餐厅的服务要求多，但培训一个星期足以上岗了吧？

事实上，一名业务熟练的海底捞服务员，除了为期一周的岗前培训，还需要在门迎组、上菜房、服务组、传菜组、油碟房、配料房、保洁组、凉菜房、库房等所有部门轮流工作，在历经考核之后，才能成为一名业务熟练的海底捞一线员工。培养一名合格的海底捞员工，平均下来需要至少一两年的时间，更不用说大堂经理、店长、小区经理等管理层，其耗费时间更多。如此缓慢的人才成长速度，自然跟不上滚雪球式的开店速度，这也是张勇说缺人的原因。

而且，张勇为了保证各个分店的高水准服务质量，规定新开分店必须有80%是老员工，否则新手太多，水平参差不齐，岂不是自砸招牌？所以，在现阶段员工成长跟不上的情况下，张勇为了保护好海底捞这块金字招牌，必须放慢扩张速度，否则就是搬起石头砸自己的脚。

企业的发展和人的行走一样，走得太快容易摔倒，一步一个脚印，方能在风云变幻的商海中立于不败之地。

多年来，潘石屹一直专注于房地产开发销售，很少涉足其他行业。“我对在万通的那段经历做了反思，万通当时最大的问题是多元化经营，摊子铺得太开，到全国各地去投资。所以我得到的教训是，一定要专业化经营。1995年初从万通出来后，我就下了决心，今后只做房地产一项。”

曾经有一位小伙子眼泪汪汪地跟他说，自己有个电池项目希望潘石屹给予投资，这让潘石屹动了恻隐之心，但最终，他还是坚持只做自己熟悉的行业——卖房子。

2004年，潘石屹和夫人张欣找到一些商业机会。张欣不以为然地说：“不要太看重机会，而要想办法建设好自己的建筑，不光口头上这样说，而且要这样做，只有你全身心地去做一件事，你才能感动周围的人来帮助你，你才能把事情真正地做好。任何投机取巧的事都不要去做，也不要去想。”

张欣的话对潘石屹的触动非常大。潘石屹想，自己就会盖房子，也喜欢盖房子，中国正迎来一个建筑时代，需求大，单件商品的消费额大，很有前途。

"如果你要问我为什么不做别的行业，大家都知道我不是没有钱做，而是'我听不明白的不做'，这就是我的投资原则。"潘石屹认为，"突然进入其他行业的'门外汉'，要想进入该行业的领导者行列，那都是小概率事件。每一个充分竞争的行业都有(各种)有形和无形的门槛，只有积累了很多年的商业感觉、人脉资源和实力的公司，才能成为该行业的领头羊。"

20世纪90年代，潘石屹到美国去，美国华登基金董事长陈立武找他谈，让他投资高科技；后来，一位叫彼得刘的商人也找潘石屹谈，要他出钱建"信息高速公路"。基金公司的经理们每次见到潘石屹都会大谈投资IT(信息技术)的商业前景。谈了六七次后，彼得刘说："小潘，你不投，我们没有办法，只有找另一个合作伙伴了。"后来潘石屹听说，他们找的这个合作伙伴名字叫"四通立方"，他们合作的产物就是新浪网。

多年后的今天，潘石屹再提起这些往事时颇有些感慨："如果当时谈好了的话，现在新浪网就是我的了。"不过，这并没有动摇潘石屹的投资原则——"听不懂的不投"。

管理大师德鲁克认为，成长过快绝对是企业经营的一种危机。任何组织的规模在短期内迅速扩大一倍或者两倍，都有可能会超过组织原本使用的企业认知的限度。

张勇说："拿钱拼店数，是品牌的最快死法。"企业在创建以后，成长是一个必经的过程，然而，过分追求成长的速度无异于自寻死路。在因此而遭遇失败之后，很多企业管理者才真正体会到企业均衡发展的重要性。管理行为的艺术性正体现于此，动态的平衡将成为企业经营成长的动力。

第四章

创新之道:好吃还要有新意

1.敢为天下先,火锅也能送外卖

创新是企业文化的生命,是提升企业竞争力的关键所在。高度的创新精神能为企业带来无限的发展空间和机会,进而促使企业家搏击在市场经济的风口浪尖处,引领着企业持续不断地创新。

海底捞的生意实在火爆,以至于一直以来它都在努力消除"等位"这个甜蜜的烦恼。当开新店,扩大等位区,提供免费水果、饮品,免费美甲、擦鞋等贴心服务仍不足以挽留顾客遗憾的背影时,2009年6月,海底捞毅然推出了火锅外卖服务——Hi捞送。

服务项目包括外送菜品、包带厨具、专人服务,甚至郊外野炊。当竞争对手还在店里围着顾客打转时,海底捞已经用车轮将生意做到了顾客家门口。这家以服务著称的企业总是能不断地给顾客制造惊奇和惊喜。

火锅外卖这一点子并非海底捞首创，早在2005年，国内的火锅业巨头，也是海底捞的主要竞争对手小肥羊火锅就推出了火锅外卖业务。但火锅外卖并非易事，若想大规模开展外卖业务，需要对人员、设备、配送、流程、成本、市场等多方面考虑周全，且需要至少两年以上的时间进行核算和筹备，是一项非常繁复而庞大的工程，因此，小肥羊目前更多的还是侧重于内部管理与后台建设。

而特立独行的海底捞就是敢为天下人所不敢为。在做了大量的调研和筹备工作之后，海底捞公司决定将火锅外卖作为一项企业战略，大张旗鼓地开展起来。

“我们从有想法到正式推出Hi捞送，花了差不多一年的时间。”Hi捞送创始人之一、海底捞西单店经理陈群兰说。从2009年5月起，海底捞开始在北京、天津、郑州筹建呼叫中心、外送团队；6月，Hi捞送正式启动，在北京地区，紫竹桥、西单、望京3家等位率较高的门店成为首批外送试点。

“火锅外卖大有可为，尤其在店铺租金日益高涨的大环境下。”陈群兰算了笔账，Hi捞送如果每天能送出1000桌，就相当于新开了3家店，而且还省下了房租、装修、水电气等诸多成本，利润相当可观。要知道，海底捞新开一家店的成本，保守估计也要600万～800万元。

海底捞的外卖之路走得并不容易。在实行火锅外卖的前3个月试行期中，海底捞发现了许多未曾设想的问题，比如：网络订餐系统不尽如人意；208元起送的要求并未在网站公告；“四公里内1.5小时送到”的含混表述常被误读为“四环内1.5小时送到”；遇到天气恶劣、交通堵塞时，需要提前和客人沟通可能会出现的延误；外送火锅需要登堂入室，自备鞋套非常必要；很多客人不喜欢洗碗，Hi捞送需要增加一次性碗筷……

不过，最让Hi捞送头痛的还是如何搞定时间。和麦当劳等“半小时内送达”的快餐速度相比,“Hi捞送”“四公里内1.5小时送到,五环以内2小时送到”的速度明显迟缓,而延误也是时有发生。此时,外送员通常会主动致歉并以打折弥补失误。有网友曾撰文打趣说:“提前6小时预订的Hi捞送外卖‘晚点’1.5小时,900多元的账单,实付800元。”海底捞对因此而造成的损失照单全收。

Hi捞送北京区经理彭梅坦言,现在的Hi捞送还是“测试版”,海底捞将努力完善以呈现让顾客满意的“正式版”。对于从零开始的Hi捞送团队来说,他们似乎有很多应该被包容的理由,比如外送员不熟悉线路,找不到小区,习惯于店内工作而难以自如驾驭电动车,接线员缺乏经验以致对送餐距离预判失误,外送点太少……但这些理由,顾客未必买账。

尽管经过3个月的摸索,2009年Hi捞送9月的延误率已比8月缩减了一半,但彭梅承认,延误仍是Hi捞送满意度最大的敌人。

创新无处不在,企业的创新包括从理念创新到产品创新,从内部管理机制创新到客户服务创新,管理者应该鼓励这种积极的尝试。现代企业一个最明显的特征就是专业化对员工和企业本身的深远影响,随着分工越来越精密,这种影响也会越来越强。也就是说,一个成熟的组织必须能够持续不断地创新,打破传统的严格部门分工界限,才能使企业的员工时刻处于一种活跃的状态,使企业始终保持活力。

商场如战场,需要我们具备随机应变的才能,需要清晰的思路和头脑,紧跟潮流,随着市场的变化而变化。当我们掌握了市场变化的规律,就可变被动为主动,另辟蹊径,开拓新的市场。当今经济时代,要想取胜,除了凭经济实力,关键还是要开动脑筋,出奇制胜。

联想集团的陈绍鹏克服重重阻碍,打开了中国西南地区的市场,为联想公司挖掘到一个拥有巨大前景的市场,同事都夸他具有

“把冰激凌卖给北极熊的本领”。

格兰仕公司的陈曙明在格兰仕进军上海市场时，抓住上海人的心理特点，用创新的方式进行销售，不但打开了上海市场，而且很快就在全国市场占据了有利位置。

牛根生在伊利任职时，曾用巧妙的营销手段让人们在“大冬天里吃雪糕”，在冰激凌的淡季进行广泛宣传，为来年在“冰激凌大战”中获胜打下了坚实的基础，并为伊利创下了年销售额3亿元的销售神话。

蒙牛集团的杨文俊在拎VCD箱子时拎出了灵感，向企业提出了在牛奶箱上安装便于提取的把手的建议，这个创意不但极大地方便了客户，而且使蒙牛当年的液体奶销售量大幅度增长。

海信集团的何云鹏，在与研发小组成员的共同努力下，成功打造了海信“信芯”，不仅为海信节省了成本，创造了效益，更打破了中国电视长久以来依赖进口芯片的局面。

……

所谓“奇”，就在于手法高超或产品新颖在市场上有奇效，而竞争对手们又预料不到，因此可以较容易地占领市场，得到顾客，在一定时期内形成一个市场竞争中无敌手的局面。

随着时代的进步，市场的发展，每个人都要保持清醒的头脑，这样才能应对今后的挑战，从危机中解脱出来。一个智慧的人，应有主动性和创新精神。智慧的价值是无穷的，创新意识与创新能力对我们来说就是最宝贵的财富。因此，我们要切实立足事业的长远发展，开拓思维，开动脑筋，放下顾虑，用自己的智慧和创意引领事业的发展，让自己成为奔跑在时代前沿的人。

2.抓住机遇，随时创新

创新是一个企业在竞争中制胜的法宝。我们可以看到，凡是能够做大、做强、做久的企业，都会坚持不懈地创新，而那些生命力不强的企业，多是由于创新能力不足而导致落败的。

2008年北京奥运会前夕，张勇从新闻报道中得知将会有500万名境外游客涌入中国。这个消息让张勇为之一振，他意识到奥运会势必会大大拉动北京的餐饮市场。为了抢占奥运商机，海底捞提出了一系列应对之策。在奥运会正式开始之前，海底捞北京的所有分店开展24小时服务。为了让员工保持积极的服务状态，海底捞出台了一些激励性的薪酬制度，并将员工的工作热情作为店面考核的核心指标。

在"奥运餐饮"上，海底捞频出奇招，比如同"法国红酒文化中心"强强联合。在北京的西单、王府井、三里屯等多家海底捞分店中出现了"法国红酒文化中心"的商标。一个蓝、白、红三色的法式橡木酒桶立在大厅的醒目之处，上面展示了5款葡萄酒及法国红酒文化中心手册。除此之外，酒桶旁还有专业的法国红酒讲师为顾客耐心地讲解红酒知识，推广红酒文化。海底捞的这一创意之举不仅吸引了众多眼球，大大增加了前来就餐的顾客数量，也让更多的中国人以最实惠的价格尝到了真正的法国红酒。

张勇认为，创新并不是一个点过去后就可以告一段落。海底捞要做的，就是将奥运视作一个发展的平台，利用这次机会，使自己既有的品牌再提高一个档次。

海底捞的创新从未间断。随着智能通信工具的普及，海底捞开始采用iPad进行点餐。此外，为了满足现代商务人士的需求，海底捞在北京和上海的分店推出了“视频会餐”服务。这种“视频会餐”服务需要在海底捞的“智真套间”进行，房间里摆放着6把椅子和几块1.1米的大屏幕。即使身处不同的城市，通过远程视频通信系统，顾客也能同远在千里之外的朋友、家人或者合作伙伴共进晚餐。

马云领导的阿里巴巴也是如此，刚刚“出生”不到一年的淘宝网借助冯小刚的年度贺岁片《天下无贼》着实火了一把。

《天下无贼》中那些经典台词，相信看过的人都会说上一两句，尤其是那句“21世纪什么最重要，人才”。俗话说，大树底下好乘凉，淘宝网的确沾了这部电影的光。一部《天下无贼》，让淘宝网出尽了风头。一夜之间，千家万户记住了“淘宝”这个原本陌生的名字。其实，《天下无贼》从开始播放的那一刻起就充当了淘宝网的营销机器，从片中，观众不仅能看到诺基亚的手机，还能看到“淘宝网”的小旗在片中飘扬。

电影上映完毕，但淘宝网的营销却没有结束。马云把自己的娱乐营销战术发挥到了极致，淘宝网开始成为全中国最吸引眼球的拍卖网站。除了影迷们自己拿东西来拍卖之外，淘宝网还有重量级明星的助阵。连《天下无贼》中的明星使用过的道具也被拿到淘宝网上拍卖，如刘德华的数码摄像机、开机仪式上的藏式马靴和礼帽、李冰冰的数码相机等。

有意思的是，这些商品在拍卖时都是1元起价，但成交价却让人瞠目结舌，如刘德华的皮裤就被炒到了2万元。这在无形中增加了用户对淘宝网的关注度。马云可谓是一箭双雕，出名又得利。淘宝网是电子商务公司中第一家在电视台和路牌上做广告的公司，也是将娱乐营销和体育营销运用得非常成功的一家公司。

出人意料的是，在马云推出支付宝的时候，他再次利用了《天下无贼》这部电影。

控制交易风险一直是困扰电子商务发展的难题，而诚信与安全甚至决定了明天电子商务将何去何从。所以，一直把“只有解决了支付问题，才能够做到真正的电子商务”挂在嘴边的马云始终在寻找解决网上安全交易的手段。支付宝的问世，意味着马云“天下无贼”的梦想成真。支付宝是为用户提供网上安全交易的信用中介工具。用户通过支付宝交易，“货到付款”与“款到发货”同时兼顾，降低风险。而简单明了的使用方法更为支付宝招揽了人气，凝聚了一批忠实用户。作为互联网企业的一个创举，支付宝是电子商务发展的一个里程碑，它的出现搅动了中国电子商务支付的一池春水。

2005年2月，马云再拿《天下无贼》搞营销。这一次，马云是为了宣传淘宝网的在线支付工具“支付宝”平台的全面升级。在这场娱乐大战中，马云邀请了华谊兄弟公司的老板王中军，一部专为“支付宝”摇旗呐喊的广告片如神来之笔一般诞生了。在这部广告片中，大腕云集，葛优、王宝强、范伟、冯远征等人都纷纷露面，他们都是电影《天下无贼》中的原班人马。最富有创意的是，这部广告片延续并扩展了电影《天下无贼》的故事：傻根不傻了，通过全新的网络安全支付产品——阿里巴巴的支付宝，傻根将其挣得的6万元辛苦钱寄回了老家。这样，他也免掉了汇款所带来的手续费。按照他的计算，这笔省下的手续费“可以买一头驴”。而片中及时地推出了广告词：“用支付宝，天下无贼。”将支付宝安全的理念表露无遗。

审时度势、先知先变是企业在变幻莫测的市场竞争中获胜的关键所在。正如《孙子兵法》中所说：“故其战胜不复，而应形于无穷。”

战胜对手的方式不能重复使用，只有不断变化，企业才能在创新的路上走得更久远。

3.善于思考，让创新“理所当然”

海底捞的诸多创新并不来源于对员工定性定量的考核，更像是自发性创造的结果。事实上，当一个人用心工作的时候，大脑的创造力是无穷的。张勇的经营理念是：让用心成为一种习惯，创新自然理所当然。

海底捞提倡创新，但不会刻意为了创新而创新。海底捞的所有特色服务创意几乎都源于员工的日常工作。员工看到顾客的手机沾上了火锅油，于是“发明”了手机袋；看到顾客头发沾到了碗里，于是“发明”了头发绳；看到顾客眼镜上布满了热气，于是“发明”了眼镜布；员工在拉面过程中增加些许技术动作，于是“发明”了“甩面表演”。

著名的“白板叫号”也是源自员工工作中的灵感。由于每天在海底捞排队等座的顾客特别多，叫号的员工嗓子都哑了，而不少顾客还时不时询问是否排到了自己的号。这种局面让北京西单店店长陈群兰十分困扰，于是，她开始思考解决的方案，希望能改善这一情况，让工作更加有效。出于这样的目的，她在店门口放了一个磁性板，板上画着店内的区号分布情况，各个区号上对应着正在排队的号码。这样一来，顾客便能轻而易举地看到自己前面排着多少人，免去了与服务员的许多不必要的沟通。没想到，这个想法的反馈特别好，最后得到了大范围的应用。“白板叫号”的创意应运而生。

此外，有一个领位的服务员发现很难在等位区的茫茫人海中快速有效地找到顾客，每次都要同写号员进行沟通。所以，他提议在快要排上座位的前三位顾客处摆放一盆小花。这个小小创意得到采纳后，不仅大大节省了沟通时间，还给顾客带来了愉悦的心情。

人的一生中充满了无数的未知，如果只凭一套生存哲学就想轻松跨越所有的关卡，那是不可能的。想要越过人生中的种种障碍，实现某种程度的突破，向未来更美好的领域迈进，就需要学会用打破常规的智慧与勇气来变通。作为跨越生命障碍、走向成熟的重要一步，变通是一门生存智慧，更是一门学问。变通的最大敌人就是“定式思维”，即常规思维的惯性，又可称为“思维定式”。当它在支配常态生活时，似乎有某种“习惯成自然”的便利，所以它并不是一无是处。但当面对创新的事物时，若仍受其约束，就会阻碍创造力的发挥。

这个充满竞争的世界对于只知道墨守成规的人来说，到处都是难以跨越的鸿沟，处处都有无法突破的阻力。如果做什么事情只会做“规定动作”，而不能突破自我、超越别人，就难以在激烈的角逐中胜出。而对于善于变通胜出的人来说，则处处都是机会。只有善于思考、巧于变通的人才是有创造能力的人，才能在这个社会中拥有良好的立足之地。

马云一直都非常重视创新。马云周围的朋友对马云有这样一个评价：“这个人如果3天没有新主意，一定会难受得要死。”就连马云自己也说：“如果我失去了创造性的思维，那我这个人就一点价值也没有了。”

马云曾说：“除了我们的梦想之外，唯一不变的是变化！这是个高速变化的世界，我们的产业在变，我们的环境在变，我们自己在变，我们的对手也在变……我们周围的一切全在变化之中！”以变应变，就是马云的制胜之道。

在建立阿里巴巴的时候，不少电子商务公司都是面向大企业的，但马云预测，网络的普及可能就是大公司模式的终结。当其他人还没有意识到互联网这个动向的时候，马云就已经敏锐地捕捉到了这一变化。因此，不同于当时任何电子商务模式的、专为中小企业服务的“阿里巴巴”诞生了。

2006年，马云在公司大会上说道：“我们认为，去年、今年和明年是电子商务的一个积累期，到了2008年、2009年必然有一个爆发。因此，我们必须抢在这个变化前先变，而不是等到出了问题再去想办法解决。这是阿里巴巴保持变革能力的关键。互联网世界总是充满风险的，谁能拥抱变化并且具有大胆追求的勇气，谁就能在这个领域里生存下去。”

环境的变化是个人无法控制的，我们必须懂得用主动和乐观的心态去拥抱变化。虽然变化的过程往往是痛苦的，但机会常常是在适应变化的痛苦中获得的。马云说：“我们阿里巴巴在过去的7年里和我本人近10年的创业经验告诉我，懂得去了解变化、适应变化的人很容易成功，而真正的高手还在于制造变化，在变化来临之前改变自己！”

善于变通的人勇于向一切规则挑战，敢于突破常规，他们做事灵活而不违背原则，能符合时代的变迁和社会发展的要求，因此，他们总是能够赢得他人无法得到的胜利。

我们每天都可能面临改变，新的产品和服务不断上市，新的技术不断被引进，新的任务被交付，新的同事、新的老板……这些改变，也许微小，也许剧烈，但每一次的改变都需要我们调整心情去重新适应。改变,意味着对某些旧习惯和老状态的挑战,如果你紧守着过去的行为与思考模式,并且相信“我就是这个样子”,那么,尝试新事物就会威胁到你的安全感。

员工在企业中的角色不只是机械地执行自上而下的战略,而应充分发挥大脑的想象力,提出自己的创意。海底捞的经验告诉我们,对于企业而言,一名员工的睿智心灵比他的双手双脚更有价值。

4.创新需要想象力

虽然经过了现代社会的渗透和改造,但传统餐饮仍然存在一些弊病,例如思想观念的保守性、生产方式的作坊性、企业规模的狭小性、经营管理的经验性、产品质量的表层性、人才培养的师徒性等,这些都与现代餐饮的生产要素智能化、资产投入无形化、餐饮市场国际化、企业决策知识化、发展持续化等各项要求相悖。

说到吃火锅,大家头脑里会浮现出一个词——“口水油”,也就是老油。红亮亮的火锅端上桌,看上去诱人,吃起来也美味。店家通常说这种油是多少年的老油,味道好。这也是火锅这个行业的传统做法了。这样做,一是口味比较正宗,二是可以降低成本。传统的火锅店不用老油的话,成本太高。有家火锅店的老板说:“一锅底料成本起码达到80元,而售价仅为15元,两个人吃五六十元,以毛利50%算,赚了30元,加上15元的锅底一共才45元,所以必须把油收回来,以节约成本。”

而海底捞在锅用油上率先放弃传统老油的习惯做法,统一换成

500克包装的清油，海底捞想让人们觉得，吃火锅不但是享受美味，同样是享受健康。当今消费者已经由过去的“吃饱求生存”到“吃好求口味”发展到现在的“吃好求健康”，人们的消费也由“感性消费”变成了“理性消费”。适应时代步伐、赶追时代潮流、积极应变创新是餐饮企业竞争的利器，海底捞这一创新的做法正好顺应了现在人们对饮食健康的新要求，这也成了海底捞打开北京、上海、天津等大都市市场的有力法宝。

如今的餐饮市场面临着太多的新思潮和时尚流变，各种餐饮潮流此起彼伏，各种风味体系竞相争荣。

餐饮创新是传统餐饮向现代餐饮发展的必然举措和客观要求。

创新首先要转变以往的观念，迎合人们的消费心理，这样才能突破传统的思维方式，打破常规，实现创新，并最终实现“以顾客为中心”的根本转变。这时，创新就需要点想象力。正如马云所说：“做人要像疯子一样幻想，做事要像傻子一样投入，没有幻想就没有创新。”

由于想象能够赋予思维超越性，所以它不仅能为一些新奇的创意敞开大门，也会为许多不经意的发现点燃创新的火花。

以拖把这种生活中最常见的清洁用具为例。过去，人们习惯于用拖把和清水拖地，但马萨诸塞州一家为宝洁公司设计家居清洁产品的公司经过研究发现，拖把上的水实际上更容易使脏物四处散落，而干抹布却能吸附灰尘。该公司帮助宝洁开发了速易洁静电除尘拖把。如今，这种除尘拖把已经成为宝洁旗下价值超过10亿美元的品牌之一。

创新的最大障碍是习惯思维。按照惯例做、依照程序走是最省事,最轻松的。作为一个管理者,如果永远只会按照惯例做、依照程序走,那肯定是不称职的,因为事物是运动变化的。有一位哲学家曾经说过:“人不能两次踏进同一条河流。”因为第二次进入的时候已不是第一次的时间和水流。

德国有一家叫“凯伦”的酒店,就是靠着一种打破常规的营销方案打出了自己的知名度,吸引了众多的顾客。

经营酒店的人一般都希望顾客喝的酒越多越好,这样,老板赚的钱也就越多。而这家酒店却明确表示绝不会让顾客醉酒,他们提供的各种美酒都是经由特殊处理,固然酒香浓烈,但所含酒精度很低,顾客即使开怀畅饮也不易喝醉,因此吸引了大批顾客。很多顾客都是好奇而来,尽兴而归,而且回头率相当高。特别是那些厌恶丈夫酗酒的妻子,更是喜欢这家酒店,有的还常常陪着丈夫来就餐。

跨越定式思维的限制,将看似不搭界的两个或几个事物联系、整合、配置起来,也许一个新的思路、新的行业、新的产业、新的产品将就此诞生。

上海“鲜墙房传菜”的特色菜中有个“十八鲜”,乃是用十八种蔬菜凉拌而成,看起来非常简单,却构思巧妙,其制作点就在于百姓家平时无法凑齐品种繁多的原料,但以饭店的规模经营则完全能够做到。这道菜至今仍然是被点频率最高、长盛不衰的凉菜之一。

基辛格说过:“伟大的事业需要丰富的想象力。”当现实不可更易的时候,想象却能够打破现实维度的唯一性,创造出指向未来的对象。未来更能发挥人们的想象,因为未来不仅未然,而且未知,甚至可以改变、可以创造。当一种有创意的想法被发现后,它就可以转变成创新产品。爱因斯坦的相对论说，在高速下，时间会变慢，空间会缩短，这已被美国宇航局用高速火箭和原子钟证实。事先，大家未看到，爱因斯坦也未看到，但他能想到，因为他有想象力。有句话叫“想象力比知识更重要”，创新就需要善于联想、异想天开。经营一家饭店也是如此，需要从天、地、万物中吸取智慧，创新思路，革新方法。

5.激励员工保持创新意识

对于餐饮企业来说，一个突如其来的灵感也许就能成就一个小小的创新。创新并不困难，困难的是能够持续不断地保持创新的活力。为了让员工始终保持创新的意识，海底捞发明了红黄蓝榜机制。

海底捞总部的办公墙上挂着红、黄、蓝三色的创意统计板，记录着海底捞每个月的创意信息。每个月9号，各个分店的经理会汇总员工最近的一些创意想法，将该店的创新评估报告提交给总部。每个月月底，总部核心高层会对所有店面的创意进行总结和评比，并最终确定是否采纳这些想法。

而对于这些创新的评定，海底捞并没有具体标准，凡是能改进工作或给顾客带来便利的，都属于创新的范畴。如果某个店面本月没有创新，那它就会出现在蓝榜上；如果某个店面的创意可以在本店应用，那它就会黄榜有名；如果某个店面的创意可以在全国范围内推广，那它会进入红榜。

除了利用红黄蓝榜机制激励员工保持创新意识，海底捞还积极营造创新氛围。海底捞会根据创意推广的后续实践情况为员工发放200~2000元不等的奖金。此外,为了增强员工的自豪感,进一步激发员工的创新热情,海底捞会用员工的名字来命名相应的创意,“包丹袋”就是其中之一。一名叫包丹的员工发现,在用餐过程中,顾客的手机常常会被溅湿,于是,她提出用一个透明塑封袋子套住手机。这个创意最后得到了全面推广,并最终命名为“包丹袋”,而那些应用“包丹袋”的店面还要给予包丹一定的费用。这种类似“专利”的做法不仅是对员工智慧的尊重,而且大大激发了员工的创意热情。

海底捞的员工之所以能想出那么多新奇而又实用的创新点子,得益于张勇为他们创造的一个宽松环境。只要你的创意具有可行性,马上就能够应用到实践中,这本身就是一个很大的鼓励。

重视创新就要强化创新意识,让人们意识到创新是好的,能得到他人的认可和称赞。公开表彰每一次创新会使员工的创新热情高涨,创新的意识也将扎根于整个组织中。

一天,Foxboro公司的经理办公室里来了一位创新技术人员,他带来了好消息。他们的创新终于有了重大成果,将为公司带来很大收益。经理听了十分高兴,一时找不到合适的东西表达他对创新人员的奖励,便从抽屉里拿出一根香蕉,激动地送给了创新人员,表示了他极大的赞赏和鼓励。从此,Foxboro公司就用特制的小金香蕉针来表彰创新人员。

在百度,李彦宏会和工程师们一起讨论技术上的问题。工程师可以天马行空地提任何自己觉得可行的创意,有不同的意见,任何人都可以拍桌子站起来表达一番。

在营造一个创新环境的同时,李彦宏也开创了一种从下而上的创新制度。也就是说,只要你有一个新的想法,就能向上申请组建团队或者自己研发和创新，百度文库就是这么诞生的。

百度文库刚开始只是几个人的小想法，他们自己组成团队开始研发，随着这个板块越做越大，才真正独立出来成为一个部门。这件事李彦宏并不知道，直到百度文库的流量超过2000万次，他才关注到这个板块。

百度文库做大后出现了新的问题，很多人抨击它存在盗版现象，损害了作者的利益。于是李彦宏决定删除盗版，但这并不是一件简单的事情。他先是派出500个人每天对百度文库里的文章进行审核，不涉及版权问题的才能上线。这是网站最常用的方法，当然也非常耗时间。因此，百度又有了创新：组建团队，用半年多时间开发了新的软件，专门审核盗版文章。最终，百度的"DNA比对识别"技术上线，不但解决了百度文库的盗版问题，还申请了专利，成为互联网行业反盗版的先锋。

无论员工处于哪个岗位，都要想办法激发他们的创新意识，为他们创造创新的环境。在现代企业中，员工有无创新精神是企业成功与失败的分水岭。坚持每一天都有创新，哪怕只是微不足道的一点，这样的进步经过长久的累积，所迸发的能量都是难以估量的。

罗兰贝格工商技术管理学讲座教授苏米特拉·杜塔说："贯彻执行企业的创新文化不是官僚式的烦琐手续，而是创造创新氛围，鼓励企业内部人人参与。"在创造性工作中，激励员工发挥最大潜能特别重要。尤其是对员工的创新行为给予奖励和激励，且二者都不能缺少。创新能力强的员工得到应有的奖励，无疑会推动整个企业的创新进程。美国基因技术公司就是这么做的，奖励那些创新工作做得好的员工的通常做法是颇为可观的股票期权以及其他形式的报酬。而在SAP公司，团队的业绩决定了个人的报酬，高级管理者的酬劳则由他们所管理的团队对公司业绩所做的贡献大小来左右。

物质方面的奖励似乎更直接一些，但也不能忽视了精神上的支持。管理者可以公开对员工的工作予以真诚的认可，这种看似微不足道的小事往往要比现金奖励更有效。

不过，任何事情都具有两面性，创新也是有风险的，敢于让员工去创新，就要敢于承担创新失败的风险，敢于接受员工创新过程中出现的错误。

让底层员工敢于讲出自己的观点，是公司创新环节中很重要的一环。总经理跟员工薪水不一样，但不代表不平等，至少在形式和环境上应该营造一个平等的氛围，鼓励员工把话讲出来。

经营者需要意识到，根据二八原则，企业组织里面存在80%的长尾员工，而只有20%是很重要的员工。这意味着，80%员工的能力还没有被开发出来。是把他们的能力发掘出来，还是让他们变成占用空间和资源的库存，答案显而易见。

有不少公司都会设立类似“创新日”的活动，在每年的集中几天在员工中征集各种点子。例如，极富创造力的墨西哥水泥制造商西麦斯公司每年安排出9天时间作为“创新日”，每个“创新日”都会围绕着某项业务或某个职能部门展开讨论。负责组织活动的公司副总裁在活动之前亲自给数百位员工发邀请函，让大家针对既定主题(例如开发新的客户解决方案，或是大幅降低成本)献计献策。与邀请函一并附上的还有一套创新小工具，参加者可用来拓展思路。

哈佛商学院副教授安德鲁·迈克菲认为，实际上，每位员工都希望公司发展得好，对公司有所贡献。领导者唯一需要做的是营造一个氛围让员工去贡献自己的力量。最简单又可行的办法就是营造一些机会或者场合，走入员工群体，跟他们一起工作。这对员工来讲就是最大的鼓励，这样的氛围也有助于引导公司的创新。

6.能承受失败，才会有创新

每一位企业管理者都想让自己的企业充满活力，富有创造性，可多数企业家在实际操作中却死死攥住权力，生怕员工因为经验、知识等储备不足，发生错误。也许在这些企业管理者眼中，创新只是结果，他们不明白，创新其实是个不断犯错再学习的过程。

海底捞花样众多的创新服务让顾客感到贴心、新奇、印象深刻。然而，海底捞的创新服务并不是张勇，更不是管理层想出来的，绝大多数都是基层员工的想法。为什么海底捞的员工这么富有创造力？难道海底捞的员工与众不同？其实，员工都是一样的员工，海底捞员工的受教育程度甚至比普通企业员工更低，关键在于管理方式的不同。在大多数企业中，基层员工很难参与到企业创新中去，那是所谓的科研人员的"特权"。而张勇却选择了相反的做法，他不仅小事让员工参与，甚至大事都放手下去，对员工完全信任，而且即便创新失败了，他也仍然鼓励员工，从不一味指责。

就拿可乐机来说，这也是海底捞基层员工的提议。当时，海底捞的员工非常羡慕麦当劳、肯德基等快餐大佬的可乐机，觉得既方便又可以多赚一份钱。管理层听说之后，觉得挺好，便引进了可乐机设备，尽管一套可乐机设备超过百万元。结果，可乐机设备根本无用武之地，首先是难以记账，顾客排队购买太麻烦，若自取，就会存在记账困难等问题；其次是需要的机器成本太高，是一桌一台还是一店一台？最终，这个创意被撤了下来。

面对这个失败的创意，到底应该苛责提出创意的员工还是拍板引进的管理层？毕竟上百万元不是小数目。可是，海底捞没有追究任何人的责任，损失完全由公司承担，而且张勇还一如既往地鼓励员工创新，继续信任基层员工的创新能力。

或许，张勇这种对于员工百分之百的宽容，才是海底捞创意层出不穷的原因。

苹果教父斯蒂夫·乔布斯说得好："创新的过程中，有时总会犯错。如果不犯一些错误，你改变不了世界。"张勇明白这个道理，所以他如此信任他的下属、员工，彻底激发海底捞员工的创造性。

德鲁克说："越优秀的人越容易犯错误，因为他经常尝试新的事物。"德鲁克认为，不犯错的人必然不是最优秀的人，犯错是优秀人才成长中的必然现象。管理者应该容忍失败，失败往往是创新的开始。企业的成功不是从天上掉下来的，而是从失败中来，从创新中来的。

时代华纳公司的已故总裁史蒂夫·罗斯曾说过："在这个公司，你不犯错误就会被解雇。"硅谷流传的名言是"失败是可以的""允许失败，但不允许不创新""要奖赏敢于冒风险的人，而不是惩罚那些因冒风险而失败的人"。这些鼓励创新、允许失败的言论已经成为一种理所当然的创新理念。

美国商业机器公司的一位高级职员，由于工作的严重失误，造成了公司高达1000万美元的巨额损失。这位高级职员为此寝食不安，异常紧张，许多人建议董事长给他撤职开除的处分。

董事长将这位高级职员叫到办公室，通知他调任同等重要的新职。这位高级职员感到万分意外，问："为什么不将我开除，至少降职？"董事长答："要是那样做，岂不是在你身上白花了1000万美元的学费？"

后来，这位高级职员在工作中兢兢业业，以惊人的毅力和智慧，为公司做出了卓越的贡献。有一次，董事长提起这件事时说：“一时的失败是企业家精神的一种‘副产品’，如果给予信任，他的进取心和才智可以大大地被激发出来，完全可以超过未受过挫折的人。”

企业的发展是依靠技术的不断进步、产品的不断出新和管理的不断变革来完成的。创新能够取得成功固然令人振奋，但创业者、企业经营者也应为失败的结果做好心理准备。把失败当作一次课程，当成一种教育形式，勇于面对、接受失败，从失败中吸取教训，无疑是智者的选择。因为，能承受失败，才会有创新。

3M公司（明尼苏达矿务及制造业公司）是一个经营着6.7万多种产品的百年老字号，每年开发的新产品多达200多种，几乎每隔一两天就会有一项新产品问世。其产品推陈出新的能力令人称奇，它总能以领先于他人的速度不断开拓新的技术领域。巨大的产品更新能力为3M公司保持优良的成长能力打下了坚实的基础。

3M公司的管理者知道在成千上万个构思中最后成功的只是凤毛麟角。公司里对此有一个很形象的比喻：“亲吻青蛙——为了发现王子，你必须与无数只青蛙接吻”。“亲吻青蛙”意味着经常会失败，但3M公司把失败和走进死胡同作为创新工作的一部分。他们奉行的哲学是：如果你不想犯错误，那就什么也别干。

“只有容忍错误，才能进行革新。过于苛求，只会扼杀人们的创造性。”这些是3M公司的座右铭。成功者受到奖励，失败者也不受罚。3M公司董事长威廉·麦克唐纳说：“企业主管是创新闯将的后台。”3M公司努力创造轻松自由的研究开发环境。如果你的创造性构思失败了，那也没关系，你不会因此而遭到冷嘲热讽，照常可以从事原来的工作，公司依然会支持你对新构思的试验。

回顾现代企业一百多年的发展历史,哪一个企业和企业家在享受成功的喜悦之前,没有品尝过失败的苦涩?成功的创业者,一定是敢于正视失败的人,他们在每次失败后都能够客观地分析失败的原因,从中吸取教训,克服自身以及企业发展所存在的问题。

失败多于成功,这是事物发展的一般规律。就像跳高运动员需要经过千百次的失败,才有可能越过一个新的高度一样,企业和企业家们也需要经历无数次失败的痛苦,才能到达成功的巅峰。正如一位成功的企业家所言:"我们更愿看到那些即使失败也要创新的公司,那些即便暂时亏损也要搞研发的公司,也更愿意看到一个垃圾公司和伟大公司并存的创业板,胜过一个所有公司都默默无闻、无所作为的创业板。"

7.学习是第一生产力

年轻的时候,张勇督促自己学习;有了海底捞团队后,他就监督着高管和员工们学习。他的名言是:"生意不好,可以慢慢做;但人不学习,不行!你这么年轻,什么都能学会!"

杨小丽曾被派到西安管理一家海底捞的联营店。合作方有股份在里面,自然就想参与店面的管理。虽然是店长,但杨小丽为店里置备点公物还要经过他们的允许;每当她自己的团队建设做得正好时,合作方的一个命令可能就会让她之前的努力前功尽弃。

杨小丽心里充满了怨气,加上张勇总是要求管理层多学习,指定书籍给他们看,每天还要写工作日志,还要学习电脑,这对于只有初中学历的杨小丽来说简直比登天还难。

多重压力让杨小丽产生了退缩的念头，她给张勇打电话请辞，因为觉得自己实在没有能力干好这份工作。在联营店这件事上，张勇给了她充分的支持，坚决与其分开；但对于学习知识这件事，张勇丝毫没有松口，在他看来，生意可以慢慢做，但不能不学习。

面临这样难题的并不只有杨小丽一个。海底捞员工的学历水平普遍不高，让他们看书、学高科技的东西，比服务好一个客人还要难。但张勇并没有放弃，他一直坚持要求管理层学习，并把这些作为晋升的条件。

就这么逼着、推着，像杨小丽这样的管理层终于学会了打字，习惯了写工作日志。到了一定的时机，量变终会产生质变，很多高管的能力都有了极大的提升。

杨小丽总结说："是金子到哪儿都会发光，做事就在于坚持，坚持就是胜利，坚持就是人民币，冲走的只是沙子，留下的才是金子。"这句话后来成为很多员工激励自己的格言。

尽管张勇没有给普通员工制订学习的标准，但这种学习和坚持的精神在海底捞随处可见。在海底捞，你找不到脚上没长过泡的服务员，找不到手没烂过的刷碗工，找不到腿不肿的前台。在海底捞，他们学会了怎么和同事成为朋友，怎么帮助新人，怎么打扮和爱惜自己，怎么享受生活，怎么教育孩子，怎么照顾家庭……

管理大师德鲁克认为，学习已经越来越成为企业保持不败的动力之源。当今企业的发展更证明，只有比你的竞争对手学得多、学得快，才能保持竞争优势，才能永远领先。

事实上，世界上著名企业的发展，无一能离开"学习"二字。美国排名前25位的企业中，有80%的企业是按照"学习型团队"模式进行改造的。国内很多企业也通过创办学习型团队而给企业带来了勃勃生机。

李嘉诚曾经说过:"这个时代所需要的是有知识的人。"的确,过去,中国的企业需要大量的工人,任何人不管受教育程度怎样,只要品行尚可,做事有条理,随时可以获得一个工作岗位,但如今的情况已非昔日可比。

李嘉诚在茶楼当学徒的时候,同事们闲下来就打麻将,李嘉诚却捧着一本《辞海》啃,日日如此,翻得厚厚的一本《辞海》都发黑了。李嘉诚形容自己"不是求学,我是在抢学问"。

在一次记者招待会上,一位记者向李嘉诚提出了一个问题。他说:"你是华人的首富,你认为在你的创业过程中,什么对你起到的作用最大?是别人所说的幸运吗?"李嘉诚谦逊地说:"坦白地说,我在创业初期几乎百分之百不靠运气,而是靠工作、靠辛苦、靠智慧的头脑,百分之九十得益于自己平时多读书、多思考。"

通用电气前总裁韦尔奇认为,一位优秀的领导者应该带领团队持续学习。企业要想在发展过程中不断超越自我,不断提高竞争能力,不断扩展企业发展中真正心之所向的能力,首先应激发企业内员工的学习精神,使团队形成一个学习型组织。这样一来,作为团体中的个人也会快速地成长起来,并使企业的内功不断得到强化。

通用电气在克罗顿维尔建立了领导才能开发研究所,每年有5000名领导者在这里定期研修,《财富》杂志称其为"美国企业的哈佛大学"。在那里,学员没有职务的束缚,可以不拘形式地自由讨论。每周都有100多名职员在这里集合,学习企业生产、经营和管理等方面的课程。

在韦尔奇的领导下,通用领导层变成了一个不断创新、富有成效的领导团体。他们能进一步推动工作，倾听周围人的意见，信赖别人的同时也能够得到别人的信任，勇于承担最终的责任。可以说，强有力的学习型组织以及由此产生的独特的学习文化，成就了通用电气在世界市场的长盛不衰。

授人以鱼，不如授人以渔。作为企业领导者，不但要自己会钓鱼，还要教会员工钓鱼，并在团队中营造一种轻松和谐、相互学习、团结协作、分享创新的氛围。只有使整个团队成为学习型团队，才能使企业在竞争日益激烈的市场大潮中立于不败之地。

8.向知识型企业转型

海底捞是土生土长的"草根企业"，如何向知识型企业转型一直是张勇思考和重视的问题。海底捞的服务员大多没有受过高等教育，在服务领域，他们可以做到用心服务，实属不易。

在不少顾客心中，不管海底捞的服务有多优秀，员工有多努力，他们依然觉得服务员这个职业只是体力劳动，根本不需要拥有专业技能。这种说法虽然有些武断，但也的确是实情。海底捞的员工绝大多数只受过初中以下的学历教育，哪怕是海底捞的管理层，也有很多人是低学历。随着海底捞的逐渐发展，张勇意识到这样下去不是办法。管理层虽然基层经验丰富、业务熟练，但在管理学方面一窍不通，全靠经验摸索，根本没有系统学习过。

为了解决这个问题，张勇决定先从管理层入手。首先是由公司出资，大区经理以上的高层全部参加EMBA（高级管理人员工商管理硕士）课程学习，小区经理以上的中层参加MBA（工商管理硕士）课程学习，张勇自己带头参加了长江商学院的EMBA课程。学习之后，张勇更加觉得海底捞员工整体文化水平不高是个严重的问题。因为随着海底捞的发展，必然会面临转型的问题。劳动力密集型的海底捞只是个庞然大物，但没有一点创新活力，只有学习型的海底捞才能一直保持领先地位。

为了解决海底捞员工的学习问题，张勇想出了各种各样的招数，如鼓励创新，并且予以物质奖励和内部表扬，但都因为覆盖面较低而效果不佳。为了彻底解决这个问题，张勇做出了惊人的举动——创办一所专属海底捞员工的培训学校。

2010年6月，海底捞创办了自己的培训机构，张勇霸气地把这所学校称为“海底捞大学”。这让海底捞员工欢欣不已，很多海底捞员工当初都是迫于经济压力没能完成学业，“海底捞大学”无疑给了他们再学习的机会，兴奋的海底捞员工亲切地称这所学校为“海大”。

如今的“海大”已经逐渐走上正轨，每个海底捞的员工都有机会定期参加培训，张勇也从各种渠道请来教授、学者、博士等高学历人才，给求知若渴的海底捞员工上课。正所谓“授之以鱼，不如授之以渔”，通过“海底捞大学”的学习，海底捞员工知道了学习的方法和方向，加上专家们高屋建瓴式的意见指导，更是事半功倍。

“海底捞大学”让海底捞员工感到兴奋，因为在公司，员工不再只是一味地向外输出自己的知识和能力，也能够输入更多系统的技能，这是一个收获和成长的过程。如今在找工作时，越来越多的人把公司是否有培训、培训的质量水平作为重要的参考标准。公司内部或外部的培训可以使员工的知识和技能更加系统，这就如同人的骨架是支撑一个人发展的重要元素。

随着知识经济时代的到来，知识已成为企业资源中最重要的要素之一，而知识的创造、利用与增值最终要靠知识的载体——知识型员工来实现。

知识型员工不同于普通员工的本质特征是拥有知识资本这一生产资料。企业中的知识型员工一般指从事生产、创造、扩展和应用知识的活动，为单位(或组织)带来知识资本增值，并以此为职业的人员。

让知识型员工参与他们分工业务或利益直接相关的决策，可以充分表达企业对他们的信任和尊重。知识型员工由于拥有专业知识和技能，往往最了解问题的状况、改进的方式以及客户的真实想法。一旦员工对公司事务有了更强的参与感和更多的自主性，他们对工作的责任感就会大大增加。仅仅通过授权，公司就可以用很低的成本得到更高的效率。

德鲁克在剖析管理行为的实质时指出，人们从内心深处是反对被“管理”的。这一观点尤其适用于知识型员工，因为知识型员工对于自己所从事工作的了解要比他们的老板深刻得多。对于知识型员工而言，监督是一座特殊的地狱，他们在各种繁杂的规章制度束缚和“监工头”式的监督严管下，可能会丧失所有的激情和创造力。

一个称职的管理者应当知道怎样引领知识型员工发展。诸如通过具体事例引导他们仔细思考自己擅长什么，看重什么，如何学习和追求发展，这种自我认识对知识型员工取得工作绩效和正确评价自我是十分重要的。因此，德鲁克建议，应当“引领”知识型员工，而不是“管理”知识型员工。

引领而不是管理，意味着要为知识型员工创造更为宽松、开放的工作环境，具体包括自主工作的权力、弹性工作制、自由发表意见的氛围、容忍员工犯错误、创造充满乐趣和关爱的工作环境等。

在西门子，知识型员工有充分施展才华的机会，工作一段时间后，如果表现出色，他们就会被提升，即使本部门没有空缺，也会被安排到其他部门。优秀员工可以根据自己的能力和志向，设定自己的发展轨迹，一级一级地向前发展。对那些一时不能胜任工作的员工，西门子也不会把他们打入另类，而是在尽可能的情况下给他们换一个岗位，让他们试一试。许多时候，不称职的员工通过调整，找到自己的位置，就能干得跟别人一样出色。

但这并不意味着西门子公司的员工都很优秀，不会犯错误。西门子（中国）有限公司人力资源总监说："我们允许下属犯错误，如果那个人在几次犯错误之后变得'茁壮'了，那对公司是很有价值的。"犯了错误就能在个人发展的道路上不再犯相同的错误。只要管理者对犯错误的员工进行正确的引领，他们就能找到正确的方向。

爱立信公司也坚持同样的态度："员工一旦进入公司后，我们就会尽力去发展他，即使他犯了什么错误，我们也会先追究经理的责任。如果他不能胜任，我们会为他提供培训或是进行岗位调换，直至胜任为止。"实践证明，容忍犯错误的态度给予了知识型员工最大的心理宽容度，增进了员工对企业的信赖和忠诚感，正确的引领也有助于其创造性潜力的发挥。

随着知识经济的发展，知识型员工的不断涌现给传统的管理理论和方式带来了新的挑战。在人力资本的作用日益大于物质资本的作用的今天，通过管理来激发知识型员工的创造欲和培养他们的创新能力显得尤为重要。知识型员工的工作努力与价值创造受到其自身特点和需求的影响，要使努力的结果达到原本设定的目标，就必须使目标管理变得更为人性化和柔性化，同时，这也是现代管理理论和方式的发展方向。

第五章

用人之道:人才是海底捞的基石

1.在出产品之前出人才

如果说制度流程是一个企业的法律,那么企业文化就是一个企业的道德,能起到凝聚人心的作用。优秀的企业多是由其创始人提炼出具有普世价值的企业文化,并始终遵循这些核心价值观。综观世界500强企业管理演变,那些能够持续成长的公司,尽管它们的经营战略和实践活动总是不断地适应着变化的外部世界,却始终保持着稳定不变的核心价值观。在不断发展的过程中保持其核心价值观不变,正是世界500强企业成功的深层原因。

很多企业把尊重人才、以人为本的口号喊得震天响,背后却是老板的一言堂,很多劳动密集型企业尤为如此。一方面,老板感叹员工忠诚度低,员工流动率大;另一方面,员工又指责老板苛刻,老板过着奢侈的生活,员工所得却仅够糊口。这种现象势必会造成一种恶性循环,加大企业、员工的社会成本,于老板、员工都不利。

张勇认为:人才是海底捞的基石。

在海底捞的内刊上,有两行让人印象深刻的字:倡双手改变命运之理,树公司公平公正之风。海底捞的三大公司目标中,“将海底捞开向全国”只排到第三位,而“创造一个公平公正的工作环境”“致力于双手改变命运的价值观在海底捞变成现实”则排在前两位。尊重人、相信人是海底捞的核心价值观。

洋快餐高度强调的制度化、标准化、流程化对保证产品和服务质量的作用毋庸置疑,但同时也压抑了人性,抑制了员工的创造性,以及由创造而带来的工作的快感和成就感。海底捞认为,让员工严格遵守制度和流程,等于只雇了他们的双手。餐饮服务行业是典型的高强度重复工作行业,如何才能让员工充满快乐?答案很简单:让员工在工作中充满创造性,强调与顾客的互动。海底捞鼓励员工与顾客互动,这样顾客才能记住员工,从而使员工享受到服务他人的快乐。

海底捞里,除了工程部、物流中心和财务部里有外来的干部,整个体系都崇尚内部培养提拔,特别是管理门店的干部都是从基层干起来的。海底捞新店的扩张为员工在海底捞的发展提供了职业发展空间,也为员工在海底捞的长期发展提供了平台。

“心连心,一起渡过艰难,手拉手,分秒并肩作战,创造奇迹拥有梦想,知恩图报,双手创造未来!”这首《携手明天》是海底捞的店歌,更是海底捞精神的真实写照。

松下幸之助有一句广为人知的口号:“在出产品之前出人才。”

早在第二次世界大战前,松下幸之助就曾对见习员工的培养发布了专门通告,在竞争激烈的市场环境下,松下幸之助更不忘发出

“关于员工教育个人须知”的通告，把培养员工真正作为企业的一项任务。松下公司的用人原则是：量才录用，人尽其才，对可以信赖的人，哪怕他资历很浅、经验不足，也会把其安排到重要岗位上，让他在生产实践中得到完善。公司还常对一些有潜质的员工委以看似不能胜任的重任，用压力和紧迫感加速他们成才。

许多成功的创业者都把尊重员工、给员工成长的空间当成企业最重要的事。

顺丰速运掌舵人王卫在一次内部发言中谈道，目前顺丰发展面临的最大问题是缺乏人才，而想要解决这个问题，关键在于精细化的管理。

在王卫看来，顺丰之前的高速发展主要是靠一整套机制（包括收派员的计提考核等）来推动，这套机制比较粗放，在前期市场大发展时比较有效，但随着顺丰后来的快速发展，新业务的增加，也产生了大量的新岗位，这让顺丰在人力资源层面捉襟见肘。

王卫表示，今年顺丰的人员规模将突破30万人。“在我看来，30万是一个瓶颈，如何突破这个瓶颈，我认为要靠精细化管理。目前，我们在公司内部积极推动一些新的管理模式、组织架构调整、提升管理方法、优化更新信息系统，以期更贴近新一代的互联网思维。我们真正要推广开来的是从管理当中去发现问题，把员工在日常工作中所面临的所有问题都提炼出来，纳入一个闭环管理系统，通过相应的沟通机制和平台适时解决。”王卫坦言，这样做的目的是希望能够真正降低员工的流失率。

此外，王卫还提到，任何一个企业都会面临人员磨合的问题，“后来加入的人，如何把外面先进的管理理念、工作方式或者是好的技术有机地融入公司，并且和公司原班人马配合默契，这是很多企业面临的难题。”他认为，公司的文化、机制，包括公司管理层，对于引入新人员、新技术必须要有充分的信心和决心，否则只会适得其反。

同时，王卫还建议，在引进外部人才的过程中，公司可以考虑单独孵化一些岗位环境，让这些人先去那里慢慢调整，逐步融合。

很多企业家总是埋怨身边没有人才，找不到人才，或者总是叹息人才的流失，这是什么原因造成的呢？是否我们自身存在某种缺陷呢？只有加强自身的修养，提高自身的素质，创建使员工满意的工作环境，才能使自己身边人才济济。

2.不拘一格用人才

张勇反对年龄歧视、相貌歧视，只要你足够努力、愿意吃苦，就有机会成为海底捞的员工。

1998年的夏天，一位农村女孩漫无目的地走在四川简阳街头。她叫谢英，24岁，一位一岁孩子的妈妈，初中学历，是一名餐厅服务员。此刻她正盘算着辞职的事情——餐厅生意冷淡，干了4个月才拿到了两次工资。要是钱少工作氛围好，也能图个开心，可是连工作氛围都不好，那里实在没有什么可留恋的。

餐厅的旁边就是海底捞，那里的工服是简阳最漂亮的。哪个女孩子不爱美，谢英一下子就被吸引过去了，成了海底捞的一名传菜员，没想到没工作一个月就拿到了工资。

当时的谢英只有24岁，但在海底捞已经算"大龄"青年了。她的工作是给同事们做员工餐。虽说生长在农村，但谢英之前从没有做过饭。不出所料，她做出的员工餐不是没熟，就是煳了。员工对此意见很大，店长决定再给她一次机会，做不好就卷铺盖走人。这吓得谢英每天半夜都在琢磨菜怎么炒，饭怎么做，最后，她成功了。

那时，海底捞在简阳只有三四家店，张勇会经常到各个分店里巡视。每次巡到谢英所在的分店时，他都发现这个姑娘不但能做好分内事，还会帮着切菜、洗漏勺、发毛巾。在知道谢英这样坚持做了两年后，张勇把她调到了厅里做服务员。

一天，张勇来到这家分店给领班开会，谢英也接到了开会通知。她一时搞不清状况，心扑通扑通直跳。在会上，谢英被张勇点名要求发言，之后的每次领班会，谢英都参加了。没几天时间，店长就告诉谢英，要提拔她做大堂经理。这可把谢英吓坏了，一个做饭的农村妇女，怎么能当大堂经理呢？谢英自己坚决不同意，她不相信自己能干好。店长没办法，把谢英的意思告诉了张勇，张勇回答说："不行，必须做。"在"强迫"之下，谢英成了大堂经理。一年之后，海底捞在西安开了分店，张勇把谢英调到新店里继续做大堂经理。

在西安分店，谢英的工作做得并不好，最终被撤职，回到简阳海底捞店，做了仓管员。不过，每一段经历都是一种磨炼，都是在为未来累积经验。做仓管员的那段时间，谢英学会了怎么保管物品，怎么摆放物品才能让拿取更方便，这也为后来她全方面地管理一个店面打下了基础。

3个月以后，谢英成为了海底捞的内训师，担任培训新员工的工作，她的口才也因此得到了很大提升。半年之后，她重新被张勇提拔为大堂经理。西安的第二家分店开业了，谢英决定在哪里跌倒就在哪里站起来，她来到海底捞西安分店成为一名店长。如今的谢英已经成为北京海底捞的小区经理，简阳市市长出差到北京，张勇还隆重地向市长介绍了谢英——这个曾经在简阳做饭的农村女孩子，如今已经和丈夫、孩子在北京安了家。

有怎样的老板就会有怎样的员工，企业文化其实就隐藏在日常工作的每个细节中。

巴利·林奈特在大学读书时，所学的专业是生物学，平时对计算机也没有特别的爱好，在进入微软公司前，他从来没有接触过微型计算机。大学毕业后，他在美国各地旅行，最后在美丽的西雅图停留下来。这时，他与在微软公司基础训练部工作的贝齐·戴维斯交上了朋友。

当时，巴利正想找一份工作，以支付日常开支，戴维斯便请他到微软去帮忙。一到微软公司的训练部，巴利就被眼前的一切吸引住了。他请戴维斯带他去见老板，在比尔·盖茨的办公室，巴利说他很想留下来工作，比尔·盖茨看了看他，随意问了他几个问题，当场就告诉他明天可以来上班。

这种"跨专业"现象，在微软公司十分常见。正是微软这种"不拘一格降人才"的策略，吸引了无数人才到微软工作，也成就了微软的辉煌。

张勇说："我们招员工基本上是这种情况，就是能来的，只要你身体健康就可以。而且我个人来讲的话，我是非常反对年龄歧视、相貌歧视的。他要想过渡到领导岗位是需要层层过关的，所以我们不是靠面试这一关，我们是靠你到了店里以后，能不能成为一个实习服务员然后升到二级，二级升到一级，一级升到标兵、劳模，你是不是能够升到这个位置上去来决定的，你要升到这个位置上，才能够进入到我的视线范围。"

3.因材施教，培训员工

初到一个新的工作环境，人都或多或少会有些孤独感，希望能够快速融入环境，被周围的人所接纳。因此，有新人加入，海底捞就会组织新员工在一起相互认识，尽快熟悉起来。为了让他们不感到陌生，实习的时候，公司会将同一时间进入的新人安排在一起，从吃饭到开会都是如此。这样，新员工就会很快从孤独中走出来，尽快适应海底捞的生活和工作节奏。

对新人来说，海底捞的工作强度并不算小，为了让他们循序渐进地进入角色，培训负责人会亲自给每位新人下通知——新人可以比其他人早走一两个小时。下班后，新人单独吃饭，负责人会给每位新人准备好桌椅板凳和饭菜。

在新人适应环境的同时，规范和制度的学习也开始了。在工作上，一个新手和一个老手最大的差距就是熟练和专业，熟练度的培养需要长年累月的积累，而专业可以有意训练。所谓专业，也就是对员工进行专业训练，让他们感觉到自己是正规军，进而用专业的态度对待工作。

海底捞的新员工每天要上6个小时的课程，学习内容是工作期间的行为规范，比如女服务员上班前要化好淡妆，所有人上班时间不能携带手机和接打电话，有顾客在场的地方不能有打喷嚏、伸懒腰等不雅动作，等等。

作为服务行业，服务专业标准的培训就更不用说了。另外，还有对员工生活的培训，比如怎么看地图，怎么在ATM(自动取款机)上取款等。

正规军的培训并不止步于新入职阶段，即便是管理层，张勇也要将他们打造得更为“正规”。北京小区经理谢英就经历了这样一番被打造的过程。2002年，她还在西安做大堂经理的时候，接到张勇的通知说要学习打字，每分钟30字以上，之后又增加到40字以上，另外还要求将每天的工作写成日志。这可难坏了谢英，她对电脑一窍不通，而且每天忙得要命，根本就没有时间去写工作日志。

但有的时候就是这样，事情越多，时间越紧，工作效率却越高。谢英每天回到家就趴到电脑前练习，结果不但达标，还超额完成了任务——每分钟能打60个字。

谢英的下一个目标是成为小区经理，但是张勇又定了一条规定，当小区经理的条件之一是要有驾照。那时候，北京对谢英来说就像个迷宫，坐车都找不到路，更不用说自己开车了。不过，像以前那些看似不可能完成的任务一样，这次，谢英依然达到了张勇的要求。当开着车在北京各个海底捞分店巡店的时候，谢英就知道自己越来越接近一个正规而又合格的管理者的要求了。

不同的公司要根据自己的发展情况和阶段来选择最有效的培训方式，因材施教是开展员工培训必须遵守的一条重要原则。其实，对于企业而言，员工培训的目的是促进员工成长，从而实现企业对员工的期望。这就需要企业在实施员工培训时，在因材施教的基础上，更加注重培训方式的有效性。评价有效性的重要标准是看培训的对象是否按照企业的培训愿望成长。

海尔在实施员工培训时，从来都是从企业的培训愿望出发，对培训对象采取最为有效的培训方式。海尔培训工作的原则是“干什么学什么，缺什么补什么，急用先学，立竿见影”。

以海尔集团常务副总裁柴永林为例子。他是在20世纪80年代中期企业发展急需人才的时候入厂的。一进厂，企业领导就在他的肩上压上了重担。领导发现，他的潜力很大，只是缺少一些专业知识，需要补课。企业希望他将来能够承担更大的职责，于是安排他去补质量管理和生产管理的课，到一线去锻炼，边干边学，拓宽知识面，积累工作经验。

柴永林自己也认为这是最有效的培训方式。经过在基层的几年锻炼，他各方面的能力都得到了补充和加强，对企业运营的宏观认知也上了一个大台阶。由于业绩突出，柴永林在1995年被委以重任，负责接手一个被兼并的大企业。一年后，他使这个企业扭亏为盈，继而创造了两年之内使其成为行业领头羊的发展神话。随后，他不断创造奇迹，《海尔人》称赞他："你给他一片沙漠，他还你一座花园。"

海尔的员工培训思路是"人人是人才""赛马不相马"。自创立以来，海尔集团一直将员工培训工作放在首位，上至集团董事长，下至车间一线工人，公司都会根据每个人的职业生涯设计制订出极具针对性的培训计划，搭建个性化发展平台。在海尔，公司为员工设计了3种职业生涯，分别针对管理人员、专业人员和一线工人。每一种都有一个升迁的方向，每一种都设置有一整套的专业培训。

海尔员工培训的最大特色就是将培训和上岗、升迁充分结合起来。海尔的升迁模式是海豚式升迁。海豚是海洋中最聪明、最有智慧的动物，它下潜得越深，就跳得越高。比如，一个员工进厂以后工作表现很好，很有潜力，企业期望他做一个事业部的部长，但他仅有生产系统方面的经验，对市场系统的经验非常缺乏。怎么办？派他到市场上去。到市场去之后，他必须到下边从事最基层的工作，然后从这个最基层岗位一步步干上来。如果能干上来，就上岗；如果干不上来，就回到原来的老岗位上去。即便是公司的高层管理人员，如果缺乏某方面的经验，也要派他下去，到基层去锻炼。

海尔的培训方式注重有效性还表现在现身说法上。以技能培训为例,技能培训是海尔培训工作的重点,采用的是在员工身边、工作现场进行的“即时培训”模式。具体说,就是抓住实际工作中随时出现的最优秀或者最失败的案例,当日下班后立即在现场进行案例剖析,针对案例中反映的问题或模式,来统一人员的动作、观念、技能,然后利用现场广告牌的形式在区域内进行培训学习。

对一些具有典型意义的案例,他们会发表在集团内部的报纸《海尔人》上,引发更大范围的讨论和学习,从而使更多员工从案例中学到分析问题、解决问题的思路及观念,提高员工技能。

海尔就是凭借这些具有针对性的、最为有效的培训方式来保证企业持续高速发展的。

优秀的企业应该像海尔一样,在因材施教、注重培训针对性的基础上,突出培训方式的有效性、适用性,从而使培训产生巨大的经济效益。

有人把培训看作一个洗脑的过程,其实,每个行业、每个公司都有自己的行为标准和制度规范,越快融入其中的人越能最快地发挥出自己的价值。海底捞的员工在成为店里的一分子之前,基本都是从农村出来的农民,没有规矩和制度的概念。对于这样的员工,培训他们把自己当成“正规军”就显得更为重要。

要使员工们愿意学习,管理者首先应向他们表明,培训将使他们在掌握更多技术和提高收入方面、在晋升机会或工作保障方面得到应有的报偿,告诉他们为什么要以这种方式做某件事。

多数员工在学习中会遇到困难,有些人对问题理解得快,有些人则要花费很多的时间和精力。员工们学得快时要给予表扬,当他们遇到困难时要给予鼓励,反复向他们讲解应如何去做。告诉他们,别人在学习这一部分工作时也遇到了困难,但不久之后都能凭借自己的努力找到窍门。

如果工作很复杂，管理者不妨带领员工做一遍，你做复杂的部分，让他们做容易的部分，然后让员工去从事不那么容易的工作，逐渐提高难度。

有效培训的秘诀在于激励。只知道做什么和如何做的员工只了解事情的一部分，如果他们知道为什么要按规定的方式去做，他们就能更好地被激励起来。

第一，管理者在培训时勿求十全十美。有时，偶尔犯下一个小错误反而能显现出人性，让员工们乐于接近。所以，不妨让员工们认为"管理者也是会犯错误的"。同时，应将教学方法降低到员工们所能接受的程度，或者略微提高员工们所能接受的程度，使之产生"看样子，我也能办得到"的想法，如此一来，员工们学习新知识、新技能的兴趣也会大增。

有人说："过于精明能干的上司，不易培养出好的员工。"因为，经常让员工看到上司高水准的一面，易使员工产生退缩心理，并降低其学习的兴趣。管理者在刚开始培训时，对员工不要有过高的要求或期望，并尽量表现出身为上司的你也可能失败。换句话说，应先以次等的目标来要求员工，然后才能使之循序渐进。

第二，管理者要率先垂范。成功的管理者似乎总能保持自己的优势地位，牵动无数双眼睛，这不光因为他们是公司的管理者，更重要的是他们对自身的形象有着良好的塑造能力。有人将管理人员比喻成公司的移动招牌，因为无论他们走到哪里，代表的始终是一个企业，代表着企业成员的精神面貌。没有人愿意被无辜地伤害，当你的举止言行殃及你所代表的企业成员时，他们必然会对你"惧而远之"。

以身作则不是整天在下属面前喊口号就可以了，真才实学永远比口号更重要，且更能让你的下属对你钦佩有加。管理者应该永远记住这句话："管理者是被学习的榜样，不是被赞扬的对象。"给别人树立学习的榜样不是一件容易的事情，那意味着你必须时时刻刻不断加强在孩提时代养成的优秀个人品质。

在培训过程中，管理者要注意避免一些常见的错误认识。不要把培训当作装满窍门和秘诀的锦囊妙袋；不要强调提高绩效或生产率；不要让最高决策层负责培训，因为这会使受训员工缄口不语，使员工们感到紧张，延长培训时间；同时，不要过快地灌输内容，要放慢速度，与员工接受和理解问题的能力保持一致，给初学者消化吸收的时间。另外，一个图示或一次示范抵得上千言万语。在培训员工时也是如此，当你向他们解释如何做和为什么要这样做的同时，要向他们示范。

第三，管理者要有耐心。管理者在培训员工时，一定要有耐心，解释、解释、再解释，直到每个人都理解为止。不要使员工紧张，紧张会造成慌乱，妨碍他清醒地思考，这会终止他的学习进程。记住，你不用施加压力，新员工就已经相当紧张了，人力资源部门告诉他们的那些东西已足够让他们的头脑混乱不堪，他们需要的是放松和头脑清醒，只有这样才能吸收工作内容。因此，作为管理者，你应该有耐心并使他们放松下来。

4.让员工坐着火箭晋升

在海底捞，张勇有一套完善的晋升机制，只要工作出色，后勤可以到前台，司机可以成为店长。其中，杭州一店的店长朱银花连跳几级，她的晋升之路可谓是坐着火箭走过的，创造了海底捞晋升的奇迹。

因为工作出色认真，朱银花在海底捞从一名服务员到分店领班，仅用了3个月。3个月的时间，在别的地方一般还没有过员工试用期。6个月后，朱银花参加经理助理考试并顺利通过，因此升任北京小区的经理助理。不过没两个月，一个更有资历和能力的海底捞大厨取代了她的位置。

不过，朱银花的晋升之路并没有止步于此，没过几个月，她就成为了北京石景山区的店长。现在的她已经成为杭州一店的店长，是杭州资历最深的海底捞员工。

当有人问朱银花，海底捞和别的地方有什么不一样时，她一脸微笑地说："在这里工作很幸福。"幸福感从哪里来呢？在这里干活"有盼头"。

朱银花嘴里的"有盼头"就是张勇对员工的一份承诺：好好干就一定会得到提拔。在海底捞，这份承诺是看得见的，他们周围有很多真实的例子。海底捞的员工有后勤、技术和管理3个不同工种，每个岗位都有各自的晋升通道。不管什么工种的新员工进入海底捞，经过一系列考察，合格后成为合格员工，表现出色成为一级员工，再往上是先进优秀员工。之后，师父或者上级会观察员工更适合向哪个方向发展，适合做管理的就有机会从优秀员工升至领班，再到大堂经理，之后是店长、小区经理，更出色的成为大区经理，再到副总经理；适合在技术方面发展的会从优秀员工晋升为标兵，再到劳动模范，最高是功勋员工；后勤岗位的晋升通道是，从优秀员工可以升为对内的文员、出纳或者会计，还可以升为对外的采购和物流，具有销售和指导能力的可以升至总部的技术部和开发部，最高是后勤部业务经理。

可以说，无论员工出身如何，无论之前是什么职位，在海底捞这个公平的平台上，只要自己肯努力，就能得到提拔。

把表现优异的精英人才提拔上来，把他安排到重要的工作岗位上，这不仅能使员工的自尊心得到满足，从而最大限度地调动他的工作积极性，企业也会因为人才的合理安置而获得更大的收益。对海底捞的员工来说，没有不敢想的职位，只要你做得足够好。

一般来说，获得晋升的人没有不感到欣喜的，但也有不少人常因难以适应突如其来的晋升，而感觉到无法承担重大的压力。所以，管理者应先了解被晋升者是否有能力突破承受压力的时期。

为了确认被晋升者的心态，某位心理学家做了一个心理测验。首先，让两个人共同办理一件事情，在事情完成后，给予其中一个人大幅度晋升，而对另一个人则只给少许的报酬。

最初的实验显示，得到晋升的人不但自觉“不踏实、有罪恶感”，而且对管理者有不良的评价。但是，进一步的测谎器实验却发现，得到晋升的人不仅没有罪恶感，反而有强烈意识愿效力于管理者。

实验证明，人们虽然在心理上对获得晋升有不平衡的感觉，实际上却为自己能受到上司较高的肯定而有满足感，对管理者也会有良好的评价。因此，适度的晋升可以得到对方的向心力。也就是说，给员工一个晋升的机会，不仅能够满足对方的自尊心，同时也能获得对方的尊重和爱戴。

所以，管理者应经常提拔人才，得到利益的人由于找到了依靠之处，增强了自信心，就会逐渐发挥潜力，努力效命于知遇者。

世界著名的施乐公司每年都保持着很高的销售业绩，除了以质取胜之外，很大程度上依赖于他们给员工注入的最佳动力——晋升。

施乐公司晋升的标准是将员工分为3类，一类是工作模范，能胜任工作和监督工作。凡是被提升到公司最高层前50个领导岗位上的人，都必须完全是工作的典范，能够积极投入到质量管理中去。而要想成为较低层次上的经理，则必须能够胜任工作。至于需要别人督促工作的那一类员工则根本不可能被提升。这样，表现良好的员工就会感到自己能得到快速的提拔，从而以更高的热情投入到工作中。

谢尔比·卡特就是这样一名员工。他最初是一名推销人员，工作积极肯干并善于动脑筋。他每天不停地在外面奔波销售，他的妻子总是在他的车里放上一大罐柠檬，这样，他可以吃上一整天，而不必吃午饭。

卡特以自己的聪明和勤奋为公司销售了大量的产品，于是，他得到了逐步提拔，最终被提升为全国销售经理。事实证明，他的确是个称职的管理者。卡特最喜欢做的事情之一就是将镶在饰板上的长猎刀奖给那些真正表现杰出的员工。这些猎刀代表着一种晋升神话，得到它比得到奖金更有意义。得到奖励的员工会把猎刀挂在办公室的墙上，所以在施乐公司的办公室里常常会看到这些猎刀。

由于晋升的机会把握在自己的手中，所以施乐公司的员工充满了热情和干劲。即使在街道上散步，他们也会观察两旁的建筑群，思考如何使每一幢建筑里的公司都成为施乐复印机的用户。

就是这样充满趣味的竞争使每一个员工都竭尽全力为公司打拼，每一个施乐员工都深爱着自己的公司，公正的晋升制度使他们看到了自己的辛勤劳动付出是值得的，在这里确实可以实现自己的梦想。

千万不要总让员工原地踏步，特别是那些能干的员工，管理者应该更信任他们，对他们进行适时提拔。如果对员工总是半信半疑，那他们还能尽心竭力地工作吗？

每个人在某个岗位上都有一个最佳状态时期。有的学者提出了人的能力饱和曲线问题，作为管理者，要经常加强“台阶”考察，研究员工在能力饱和曲线上已经发展到了哪个位置。

一方面，对在现有“台阶”上已经锻炼成熟的员工，要让他们承担难度更大的工作或及时提拔到上级“台阶”上来，为他们提供新的用武之地；对一些特别优秀的员工，要采取“小步快跑”和破格提拔的形式让他们施展才干。

另一方面，经过一段时间的实践后，不适应现有“台阶”锻炼的员工要及时调整到下一级“台阶”去“补课”。如果我们在“台阶”问题上分不清谁优秀、谁不称职，不能及时提拔那些出色的员工，必然会埋没甚至摧残人才。如果该晋升的没有晋升，不该晋升的却晋升了，那将为企业带来巨大的损失。

对于提拔自己的人，几乎没有谁会不怀感激之心，因此，管理者若是能够将一个出色的员工提拔到重要的岗位上，他的自尊心得到满足，体会到自己的重要性的同时，也必会对赏识他的主管心存好感，积极配合主管的工作。这样，人力资源管理必然会进行得很顺利。

因此，管理者一定要关心员工的成长，对他们的工作多鼓励、多支持，并及时给予肯定，使能力突出的人到更合适的位置上大胆发挥自己的长处，从而大大提升人才的使用价值。

5.不仅要知人善任，还要敢于解聘

很多企业的人才管理都是“胡萝卜加大棒”的政策，海底捞的员工政策自然也是如此，虽然海底捞主要是以“胡萝卜”为主，但高压线也少不了。能力不足可以回炉再造，人品有问题则是危险品，随时会爆炸，给海底捞带来灾难。海底捞的员工那么多，其中自然也有一些问题员工，所以，“杀威棒”要随时伺候。

海底捞的员工培养主要靠师徒制，杨小丽也带过不少徒弟。杨小丽在负责西安分店的时候，曾经带过一位聪明伶俐的年轻小伙子，小伙子在她手下一路从新员工成长为优秀员工，最后，杨小丽提拔他做了海底捞的采购员。采购是火锅店的重要一环，因为环节太多，如果采购员心思不正，很容易钻到空子，毕竟买卖那么多东西，吃点儿回扣还是很容易的，所以，海底捞的采购员一般都由信得过的员工担任。正所谓疑人不用，用人不疑，杨小丽自然信任这位采购员。

在一次日常的检查中，杨小丽乔装成火锅店的原料供应商，向这位采购员要银行卡号，送去一份厚礼。这位采购员不仅收下了杨小丽的大礼，还没有报告说明。难道是要私吞？杨小丽不愿意相信。她连夜召开会议，重申海底捞员工的纪律，其实就是说给那位采购员听的，并要求收受礼品要在24小时内上交。24小时是那么难熬，杨小丽一直期盼这位亲手带出来的采购员能够站出来承认，但对方让杨小丽失望了。

24小时过去了，那位采购员并没有上交那份厚礼。最痛苦的事情莫过于被自己信任的人背叛，杨小丽体会到了这一点。失望过后，杨小丽再次召集员工，拿出了证据，指证那位采购员私收礼钱，理应开除。消息一宣布，那位采购员后悔莫及，不停地求杨小丽再给他一次机会，店里的员工也都说采购员一路辛苦爬上来，一直表现优秀，可能是一时糊涂。杨小丽仿佛没听见哀求和劝说，直接将这位亲手带出来的徒弟开除出了海底捞。其实，杨小丽心中又何尝不伤心，只是她更明白，人品有缺陷的员工绝对要不得。

人们总是习惯性地对解聘心怀反感，认为发生解聘事件，如果不是企业的运营状况有问题，就是员工的个人能力有问题，很少有人从社会角度来看待这件事。然而，解聘也有其积极的一面。

解聘可以优化员工组合。每个企业都会有一部分闲置或与工作岗位不相称的员工，如果长时间不能对他们加以任用，就会让企业背上沉重的负担。要在企业中真正实现优胜劣汰的用人机制，就要把一些不能胜任当前工作的人员淘汰下来，这样才能使更多的优秀人才脱颖而出，从而使企业的员工队伍充满生机和活力。因此，作为企业的管理者，不仅要清醒地认识人才的重要性，掌握用人技巧，还要学会通过合理的淘汰机制提高绩效。

解聘可以使员工更加认真地对待自己的工作。一部分员工的被迫流出，无疑会从反面刺激那些墨守成规和不思进取的员工，他们将因此产生危机感，从而更加认真地对待自己的工作，积极性、责任感都会得到进一步提高。

一位研究者研究过75家曾经在美国非常成功，但传到第二代后经营失败的公司，结果发现，症结都在于人才问题。公司成长的过程中，不能否认某些创建元老的贡献。但由于时代的变迁，这些因功身居要职的人，有不少已不能适应新时代的需要。但第二代的经营者碍于情面不便辞退这些人，以致公司最终倒闭。当然，也有许多公司因为其他因素而倒闭，但这位研究者所调查的75家公司，都有人才任用方面的问题。

管理者不仅要知人善任，还要敢于解聘。只有将用人与辞人有效地结合起来，才能实现人力资源的有效配置，使企业的整体效益节节上升。但在实际工作中，解聘并不那么容易，还有许多阻力和障碍需要加以克服和清理。

许多人认为，只要不背离原则，不违法乱纪，即使有些人能力差，还是要给他一个位子。也有人受个人感情的羁绊，如日本企业，对一些资历深、任职久、感情深的同学、老乡，迁就照顾、宽容纵短，即使对方责任心退化、使命感弱化、奋斗意识淡化，也不予免职。在人才任用上，有些企业仍保留论资排辈的习惯。一些有胆识、有魄力、有作为的年轻人才，却由于有棱有角，被说成自高自大、盛气凌人，不被公司重用；而那些能力平平，老实听话，善于拉关系、做人情的却得到了领导的器重。

市场就是战场，战争是残酷的，若想提高企业整体效益，改善绩效管理，在用人问题上，就绝对不能被感情羁绊。

6.把员工视为企业的合作伙伴

在海底捞，没有人是打一枪换一个地方的打工者，他们对自己未来的事业发展都有相应的规划。想让员工产生这种想法，并不是每天给他们“洗脑”就行了，而要让他们真实地看到和感受到。

在海底捞，每个人都享有公司赋予的权利，比如员工的免单权、管理层的签单权、每个人都公平发展的晋升机制等。除此之外，最能让员工感受到自己在海底捞当家做主的就是员工的持股权。

2003年，张勇以西安一个分店为试点，开始将公司股份作为奖励分配给员工，只要是海底捞的一级员工，就可以参与公司的分红，分红数目为营业毛利润的3.5%，这也被称为员工奖励计划。两年后，这个计划在郑州有了第二个试点。之后，通过海底捞董事会的表决，每个城市只要有3家店以上，便可以实施这项计划。

张勇这项员工奖励计划中所需要的“企业家”,是指员工要将自己置于企业家的角度思考问题。张勇不但要求海底捞的高层管理做到这样,也希望每个基层员工都能够把自己当成企业家。海底捞就是他给就业者提供的成为企业家的平台,在张勇看来,他可以做到的事情别人也可以做到,他只是在模仿别人的基础上进行了一些创新。

提到餐饮业或其他服务行业,除了“大当家”的,大部分人都被看作打工仔,服务人员自己心里也是这么认为的。所以,员工内心并没有和公司产生很深的联系,假如有机会去工资更高、环境更好的地方,他们选择离开的概率会很高。

在餐饮业人才年平均流失率近30%的情况下,海底捞的年平均流动率只有10%;当别的餐馆都费尽心思招人、挖人的时候,来海底捞应聘的人却络绎不绝。

员工持股之后,海底捞对他们而言就不再只是一个工作的地方,而成了自己的一个企业,员工也成了张勇的“合伙人”。如此一来,海底捞的每个人都会竭尽所能去呵护它,带它长大。

和张勇一样,把员工当作合伙人的还有美国零售大王山姆·沃尔顿。

在他创办的沃尔玛公司,员工不是公司的螺丝钉,而是公司的合伙人,他的理念是:“员工是沃尔玛的合伙人,沃尔玛是所有员工的沃尔玛。”在公司内部,任何一个员工的铭牌上都只有名字,而没有职务,包括总裁;大家见面后无须称呼职务,都是直呼姓名。沃尔玛领导者制定这个制度的目的就是使员工和公司像盟友一样结成合作伙伴的关系。沃尔玛的薪酬在同行业中并不是最高的,但是其员工都以在沃尔玛工作为乐。

在物质利益方面，沃尔玛很早就开始面向每位员工实施“利润分红计划”，同时付诸实施的还有“购买股票计划”“员工折扣规定”“奖学金计划”等。除了以上这些，员工还享受一些基本待遇，包括带薪休假，节假日补助，医疗、人身及住房保险等。沃尔玛的每一项计划几乎都是遵循山姆·沃尔顿所说的“真正的伙伴关系”而制订的，这种真诚的伙伴关系使包括员工、顾客和企业在内的每一个参与者都获得了最大程度的利益。沃尔玛的员工真正感受到了自己是公司的主人。

山姆·沃尔顿在总结自己的成功经验时说：“和帮助过你的人一起分享成功是我的秘诀。”在他看来，与所有员工伙伴共享利润是以合作伙伴的方式对待他们，公司和经理通过这种方式，改变了与员工伙伴之间的传统关系，使得这些员工伙伴在与供应商、顾客和经理的互动关系中开始表现得像个合作伙伴。而合作伙伴是被赋予权力的一类人，所以员工伙伴会觉得自己也被赋予了权力，从而以更加认真和积极的态度来看待自己肩上的责任。

山姆·沃尔顿说：“让员工伙伴完全参与到公司中来，从而成功地给他们灌输了一种自豪感，使他们积极参与到目标确立和实现并最终赢得零售胜利的过程中来。”通过与所有员工伙伴共享利润以及赋予他们在工作岗位上的权力，山姆·沃尔顿赢得了员工伙伴极大的忠诚，这也是他创办的沃尔玛如此成功的重要原因。

现在，很多企业推行“参与管理”，管理者如果真的希望团队管理有成效，就应倾向于员工参与或领导，因为这种做法能够满足“参与就受到尊重”的人性心理。成功团队的成员身上总是散发着挡不住的参与热情，他们积极主动，一逮到机会就参与。他们的无私奉献和热情建议不仅使团队的管理模式一步步趋向完美，更给企业创下了良好的收益。

玫琳凯化妆品公司的创办人玫琳凯说过:“一位有效率的管理者会在计划的构思阶段,就让下属参与其事。我认为让员工参与对他们有直接影响的决策是很重要的,所以,我总是愿意冒时间损失的风险来这样做。如果你希望下属全力支持你,你就必须让他们参与公司的决策,越早越好。”

亲自参与的成员永远会支持他们所参与的事物,当大家的热情都投入到团队运作中来的时候,团队所展示出来的力量绝对是无法想象的。把员工视为企业的合作伙伴,这是员工最希望得到的关系。把员工视为企业的合作伙伴,能增加相互的协作,这样,不仅员工能迅速成长,企业获得的效益也是巨大的。把员工视为企业的合作伙伴才是一种双赢的有效方式。

7.管理层必须从基层做起

除了工程师和财务总监,所有的管理层都要从服务员干起,这是海底捞的一条明文规定。张勇本人就是从最基层的服务员做起的,那时候,他经常上街拉人,琢磨怎么做才能够吸引人来吃饭,怎么做才能够留住人,什么样的服务才是让顾客来一次就忘不掉的服务。

就是因为拥有对一线服务的深度认识和体验,张勇在后来才一直把服务作为海底捞最为重要的特色和内部考核指标。餐饮行业不同于其他行业,只有理论玩不转海底捞,必须得经过基层的磨炼才能真正摸清做餐饮的道道。没有在一线服务过，就不能很好地了解顾客的心思，也很难总结用来管理员工的标准。比如厨师长，如果做过服务员，就能够直接了解顾客的需求，如顾客喜爱的菜式、口味和原料等，也就能够更好地在后方为服务员提供最到位的支持。

张勇的弟弟退伍后也打算开个餐馆，张勇便让他先来海底捞，让他从一线服务员干起。弟弟工作能力出色，3年后就成为总经理办公室成员。之后，弟弟离开海底捞去创业，这段服务员经历给他打下了坚实的基础。

不但基层管理岗位上的人需要从服务员干起，海底捞的高管也是这样走过来的。

杨小丽17岁来到海底捞成为一名传菜员，现在的她30多岁，是海底捞唯一的副总，同时还是上海区的总经理。

林忆16岁进入海底捞一线，23岁成为掌管5个店面的小区经理，带领近千名员工，成为海底捞年纪最小的店长和小区经理。

技校毕业的袁华强干过海底捞各种一线工作，门童、擦鞋、传菜、保洁等，7年后，他成为海底捞北京区的总经理，并带领北京区成为最有实力的分店。他最为自豪的并不是“总经理”这个头衔，而是“一流的服务员”。

由于在基层的丰富经验，袁华强自己可以同时为4桌顾客服务，四周一看，他马上就能判断出顾客想要什么。

管理层从基层干起还能够有效地抑制权力滥用。比如，海底捞的服务员有免单的权力，管理层就必然会面对服务员滥用权力的问题。但是，如果管理层是从服务员升上来的，他就能够清楚地知道什么时候才不得不用免单权，进而对服务员免单行为的必要与否做出评估。也许有的服务员第一次能够逃过领导的评估，但下一次逃掉的可能性几乎为零。

海底捞的高层几乎没有“空降兵”,连公司的培训师,张勇也从来不从外部聘请,因为外部聘请的人很难了解海底捞的情况,也就很难知道员工和公司的需要。从服务员做起,是成为海底捞管理层的唯一途径。

对于企业来说,发现高管继任人有两种方式:外部招聘和内部培养。一般来说,企业采用这两种方式的理想比例是80%内部培养、20%外部招聘。而实际情况是,企业40%的高管继任人是从外部招聘来的。尽管企业认为内部培养的方式更好,但因为培养过程比较缓慢,跟不上企业发展的脚步,所以企业大多采取外部招聘的方式。

对于快速发展的企业或者经历转型期的企业,一般没有时间从内部培养高层管理者,只能从外部进行招聘。但是,如果企业可以从内部进行培养而没有实施,那这就是个错误的决策。因为,高管职位都从外部招聘,无论是对内部员工的士气,还是对内部人才,都是一个很大的打击。盲目雇用“空降兵”,从不考虑公司内部是否有员工已经积累了必要的经验,这是不可取的。

对于中小企业来说,从内部培养需要注意几个关键步骤:首先,企业需要识别高潜质人才;其次,企业需要诊断高潜质人才的发展需求;再次,企业需要不断跟进高潜质人才的发展情况;最后,企业需要用量化的指标评估高潜质人才的成长或者培养结果。

对内部员工的培养是一个长期的过程, 涉及方方面面的工作,具体有以下一些方法:

(1)理论培训

这有助于提高受训者的理论水平,在实践中及时运用一些最新的管理理论和方法。为了能够尽可能地将理论联系实际,提高受训者解决实际问题的能力, 我们可借鉴德国的一些培训中心的做法。他们实行一种称之为“篮子计划”的方法,即在学员学习理论的基础上，把一些企业中经常遇到并需要及时处理的问题，编成若干有针对性的具体问题，放在一个篮子里，由学员自抽自答，进行讨论，互相启发和补充，以提高对某一个问题的认识和处理能力。

(2)提供平台

这是一种对员工的精神激励。比如联想的具体做法是：制订了总公司的目标和战略之后，接着确定各子公司的目标和责任，和子公司的管理层讨论，要实现目标，他们应该有哪些权力，并明确奖惩标准。目标制订后，具体怎么去实现目标，是由子公司负责人或者部门负责人及他的团队设计的。当然，在做之前，各个部门负责人会把这个方案向总部汇报，以保持同步。

企业管理者一定要知道，工作岗位就是最好的培训地。要想在工作岗位上培养员工，首先要为员工提供合适的位子，然后使员工明确自己的责任。只有每一位成员都明确自己的责任，才能更好地完成团队任务，更好地成长。

(3)激发员工的潜能

把员工放到最能发挥其特长的岗位上去，通过岗位锻炼激发员工的潜能。员工表现平庸多半是被放错了位置，每个员工都有各自的长处和不足，关键是管理者如何使用他们。另外，管理者要适时把员工放到新的工作环境中接受新的工作任务，用不同的岗位锻炼员工，从而保持员工的持续学习状态。

(4)进行职务轮换

职务轮换是使受训者在组织内部不同部门的不同主管位置或非主管位置上轮流工作，以使其全面了解整个组织的不同工作内容，得到不同的经验，为今后在较高层次上任职打好基础。职务轮换包括非主管工作的轮换、主管职位间的轮换等。

第一，非主管工作的轮换主要是在组织的第一线进行。目的在于使受训者了解组织最基层的各类业务活动，了解这些活动的基本特点及过程，了解基层非中层管理者的工作情况和精神状态。这种轮换的时间一般不要求太长，参加轮换的人多为刚从组织外部招聘来的人员。

第二，在主管职位间轮换是在组织内的同一层次上的各个不同部门的主管职务上进行的。这种轮换的目的是使将要提拔到较高层次的中层管理者，在不同的职务上根据各部门的不同特点，学习实际的管理经验。这种方法不要求中层干部对部门活动有很深的了解，而是强调全面管理技能的提高，使他们积累在不同管理部门的经验，以胜任较高层次上的管理工作。

第三，事先未规定的主管职务间轮换也是在同一层次内进行的。与前一种轮换不同，它事先并未规定到哪个主管位置上轮换，也没有规定时间长短，而是根据受训中层管理者的具体情况来决定其轮换位置和时间长短。

除了以上方法，还有许多具体的方法，例如辅导、参观考察、案例研究、培训深造等。总之，要因地制宜，根据企业或部门的特点以及所培训人员的特点来选择合适的方法，使培训工作真正取得预期的成效。

8.知人善任，敢用比自己强的人

钢铁大王卡耐基亲自预先写好了他自己的墓志铭："长眠于此地的人，懂得在他的事业过程中启用比他自己更优秀的人。"

在这一点上，张勇也是如此，他敢于起用新人、年轻人，并且委以重任。

海底捞的管理层平均年龄很小。中专毕业的袁华强2000年来到海底捞面试，靠着干活利索和吃苦耐劳从十几个人中脱颖而出，被留在海底捞。由于他敢想敢干，做事果断，接受新事物快，很快就得到了张勇的器重，从一个最普通的餐厅员工一路提升到了大区经理。现在，袁华强一人掌管着20多家分店，2000多名员工，算得上"位高权重"；而在数年之前，袁华强曾为少了几百元工资而萌生离开海底捞的念头。在这个时刻，正是张勇及时出面挽留了袁华强。张勇的知人善任，不肯放过人才，为日后的海底捞留下了一员虎将。

在袁华强进入管理层之后，这位年轻的管理者给海底捞注入了源源不断的创新动力。

在袁华强的鼓励下，许多员工开动脑筋，为海底捞想出了"给客人擦鞋""为客人做美甲"等别的饭店从来没有的新鲜服务，也吸引了更多的顾客。而这些只是袁华强带给海底捞的无数改变之一。

事实证明张勇的眼光没错，正是由于杨小丽和袁华强的强者管理，才使得海底捞发展得又快又好。时至今日，杨小丽和袁华强风头正劲，且比张勇年轻许多，张勇却从未有过嫉贤妒能之心，依然把他们二人当作自己的左膀右臂，这显示出了张勇敢用人、敢用强者的帅才风范。

意大利首屈一指的菲亚特汽车公司是世界十大汽车公司之一。谁也不会料到这家赫赫有名的公司，在20世纪70年代竟面临着倒闭的风险，它连年亏损，经历了历史上最不堪回首的日子。

面对这种困境，菲亚特集团老板艾格龙尼大胆起用强过他的维托雷·吉德拉，任命他为汽车公司总经理，将公司全权交给他独立经营。

吉德拉管理才华出众，平易近人，具有不屈不挠而又吃苦耐劳、脚踏实地的精神。吉德拉上任后，果然出手不凡，大刀阔斧地进行了一系列行之有效的改革。在吉德拉的整治下，菲亚特汽车公司很快就摆脱了困境，提高了劳动生产率，终于使汽车销量达到了欧洲第一，吉德拉本人也由于经营有方而闻名，被人们称为欧洲汽车市场的“霸主”。

任何人，如果想要成为一位企业的领袖，或者在某项事业上获得成功，首要的条件就是要有一种鉴别人才的眼光，能够识别出他人的优点，并利用他们的优点为自己的事业服务。

如果你所挑选的人才与你的才能相当，那你就像用了两个人一样；如果你所挑选的人才，尽管职位在你之下，但才能却超过你，那你用人的水平就算得上是高人一等。

在知识经济时代，管理者更需要有敢于和善于使用强者的胆量和能力。在企业内部激励、重用比自己更优秀的人才，能让企业变得更有活力，更有竞争力。

在现实生活中，我们也经常看到这样的现象：有些领导者把别人的进步当作对自己的威胁，对能力和学识超过自己的同事百般诋毁，将对方批得一无是处。但是，只用比自己能力低的人并保持这样状态的公司还能进步吗？还有什么机会建设自己的领导力呢？这种狭隘的做法既损害了公司的利益，也损害了自己的长远利益。

作为一名团队领导，要想做到善用比自己强的人，就必须克服嫉贤妒能的心理。对于团队管理者来说，嫉贤妒能无异于自掘坟墓。我国著名的文学家韩愈曾在他的传世名篇《师说》中讲道：“弟子不必不如师，师不必贤于弟子。闻道有先后，术业有专攻。”这其中的道理同样适合于团队中领导和员工之间，你不必样样都比你的员工强，你要做的就是用好这些比你强的人。

张勇曾经说："我希望我所带起来的经理能超过我，比我强，等到他们可以独当一面，我就可以轻松了。"可能许多管理者都不会同意这样的想法，因为他们更怕自己的手下强大起来后，会动摇自己的地位和利益。其实这正是他们一直做不大的原因所在。

无论领导者多么才智出众，也不能胜任所有事情，只有知人善任的领导者，才能完成超过自己能力的伟大事业。

不称职的管理者为了维护自己的利益，排斥能人，招来庸人，平庸的人启用比自己更平庸的人，这样就会形成恶性循环，导致公司人才匮乏。想要成为优秀的管理者，就要敢于启用能力比自己强的人，这样才能形成良性循环。

大卫·奥格威是"现代广告教父"，也是美国著名广告公司——奥美广告公司的总裁。有一次，他在公司董事会上生动地解释了公司为什么必须聘用能力比自己强的人。会议上，他在每个人的桌子上放了一个俄罗斯玩具娃娃，并告诉董事们："这个娃娃就代表你们自己，请打开看看。"当董事们打开时，惊奇地发现每个玩具娃娃肚子里都装有一个小一号的娃娃。这样打开到最后一个最小的娃娃时，发现娃娃肚子里装有奥格威写的一张纸条，上面写着："如果你总是雇聘比你水平低的人，我们就会变成侏儒公司；相反，如果你总是雇聘比你水平高的人，我们就会成为一个巨人公司。"这个用人理念号召企业管理者敢于聘用比自己水平高、能力强的员工，这也使得奥美公司从一个小公司发展成为世界五大广告公司之一。

一位优秀的领导者不但要有识人之能，还要有敢于和善于使用强者的胆量和能力。下属中的强者如果发现自己比领导者更有能力，往往会恃才傲物，甚至自作主张。为了更好地发挥他们的才干，领导者应该对其进行必要的管理和约束，此外还要进行思想交流和沟通，相互了解，达成共识，避免因为分歧和冲突给企业造成损失。有才干的人需要满足感和成就感，因此最好分配给他们有挑战性的工作，越困难的工作越能调动他们的积极性，使他们的潜能得到最大限度的发挥。

有些能力强的员工控制不住表现欲，在团队中表现得过分张扬，容易招致其他员工的嫉妒和反感，甚至在团队中被孤立，成为众矢之的。管理者如果偏爱优秀的员工，可能也会受到孤立，不利于团队整体力量的发挥；如果顺应其他员工，压制优秀的员工，又可能会迫使他们离开，使企业遭受损失。正确的管理方法是对优秀员工进行鼓励培养，引导他们少说多做，善意地、艺术性地帮助他们改正恃才傲物的毛病，同时教导其他员工见贤思齐，在团队中形成积极进取的氛围。

领导者未必有处处过人的才能，但必须有用人的才能。领导者的任务就是把人才的价值发挥出来，员工有多大的本事，就给他多大的舞台。除了采用正确的管理方法，聘用比自己强的员工之外，领导者还应该鼓励手下员工超越自己。职位越高的经理心胸越宽广，因为他们有容人之量，敢于培养下属，让他们超过自己。其实，提拔或推荐自己的下属，并不一定会给自己造成威胁，如果能把关系处理好，反而会给自己争取到更多的机会。

第六章

管理之道:敢于授权,善于监督

1.用人不疑,疑人不用

IDG技术创业投资基金的人曾找张勇谈投资,却遇上了以前从来没遇到过的事情。对海底捞的很多内部具体情况,张勇一问三不知。他说:“用人不疑,疑人不用,我充分相信他们。他们谈不下来的合同,我也谈不下来。”

张勇说的是事实。海底捞从起家之时就将相信员工放在首位。那时,海底捞还是一家只有几张桌子的小店,张勇同几个人合伙出资经营。张勇认为,合作与信任是最基本的条件。他完全信任他的合伙人,其中有一个人负责店里所有的采购工作,每天买菜花的钱,无须向张勇汇报,他自己会仔细记好每一笔账。张勇很少过问店里资金的来龙去脉,而这份信任更能让合伙人全心为整个店服务。

宓子贱是孔子的学生。有一次,他被派往单父这个地方做官,因担心鲁国国君听信小人的谗言而使自己不能按照既定的施政方案办事，于是，他请求鲁国国君派身边的两位近臣一同前往单父。单父的官吏都来拜见宓子贱，宓子贱让那两个人做记录。他们每次准备开写时，宓子贱就会从旁边摇他们的手肘，因此那两个人写的字很难看，而宓子贱又会为此冲他们大发脾气。那两个人很怕他，请求回到朝廷。宓子贱说："你们的文书写得那么差，赶紧走吧！"

两个人回去报告鲁国国君："宓子贱让我们记录事件，却从旁边摇我们的手肘，我们受到干扰，字写得难看，他又要生气。如此难侍候，所以我们要求离开。"鲁国国君叹息道："宓子贱是用这个方法来提醒我不要干扰他啊！我干扰他的治理方案，已经有很多次了！"于是，国君打发亲信告诉宓子贱说："从现在开始，单父不归我所管，而归你管了。只要是有利于这个地方的治理办法，你就自己决定实施吧。"

有人在旁边摇动手肘，字自然不会好看；被别人干扰自己计划的实现，自然无法产生最好的效果。对企业的管理者来说，用人时一定要充分相信自己的员工，给他们尽可能多的自由，这样才能发挥出员工最大的效能。如果对员工无法充分信任而处处加以束缚，还不如不用。

信任，对于员工而言，是一种激励；而对于管理者而言，则代表一种能力。当管理者授权他人办事时，必须把足够的权力交付于他人，否则将会事倍功半，枉费力气。

美国通用电气CEO（首席执行官）杰克·韦尔奇曾经自豪地说："我信任我的员工，他们也信任我。"无独有偶，美国管理学家艾德·布利斯也提出了"当你授权的时候，要把整个事情托给对方，同时交付足够的权力让他做必要的决定"，即"布利斯原则"。在许多企业管理中，领导虽然授了权，却并不完全信任被授权者，不少管理者的用人标准是“且疑且用”，造成了“防火、防盗、防员工”的现象。掠夺员工的利益，员工可以退让；漠视员工的需求，员工也可以忍耐，但“君视臣为草芥，臣视君为仇寇”的劳务关系肯定不会长久。

有位心理学家进行了一项警觉实验，通过记录测试者对光强度变化的辨别能力以测定其警觉性。测试者被分为4个组：A组不施加任何激励，只是一般地告知实验的要求与操作方法；B组的人被告知他们是经过挑选的，觉察能力最强，理应错误最少；C组得知要以误差数量评定小组优劣与名次；D组每出现一次错误就罚款一次，每次反应无误就发少许奖金。猜一猜哪一组的警觉性最高？多数人都以为不是C组就是D组，因为人总是希望自己能够在竞争中胜出，或是在奖金的激励下获胜。但最终的结果是，B组的警觉性最强。心理学家解释说，B组的人受到了良好的信任以及积极正面的心理暗示，结果他们比那些希望在竞争中胜出、害怕受罚或希望获奖的人表现得更加出色。

管理者之间、上下级之间的相互理解和信任是一种强大的精神力量，它有助于人与人之间的和谐共振，有助于团队精神和凝聚力的形成。只要员工对企业有了归属感，自然会忠于自己的企业和职业，这样，企业才能够把核心竞争力融入组织行为中，一直融入到每位员工的总体行为这个基础层面为止。

海底捞给予了员工充分的信任，员工可以根据当时的情况给顾客打折甚至是免单，只要员工认为有必要这么做。

有人会想，员工有了这样的权力，难道不会方便自己的亲朋好友吗？但海底捞的领导却认为，给员工充分的信任能让员工产生责任感和使命感，使他们首先以公司的利益为重。信任是对员工的尊重，让员工真实地感受到自己在企业中的重要性。当企业的文化和员工的价值观一致时，当企业文化充分体现出对员工的尊重时，员工会与企业融为一体。

惠普的创建人比尔·休利特说:“惠普的政策和措施都来自一种信念,就是相信惠普员工可以把工作干好,有所创造,只要给他们提供一种环境,他们就可以做得更好。”员工对企业满意与否,直接关系到他对企业的忠诚程度。

莱恩哈德这样定义信任:“信任是放弃对他人的监督,因为能预料到他人具有相关的处事能力、高尚的品德和良好的意图。”现在很多企业提倡人性化管理、以人为本,这说起来不难,但要真正做到并做好却不容易。部分企业的“以人为本”,只是用人性的弱点来征服他人、控制他人,并不是真正对员工的信任和尊重。

美国学者弗兰西斯说:“你可以买到一个人的时间,你可以雇一个人到固定的工作岗位,你可以买到按时或按日计算的技术操作,但你买不到热情,买不到创造性,买不到全身心的投入,你不得不设法争取这些。”信任他人,不仅能有效地激励人,更重要的是能塑造人,在人与人相互信任的氛围中,彼此没有顾虑、无须设防,思维空前放松与活跃,尽情发挥自己的聪明才智。管理者信任员工,从上级的角度认可、接受员工,员工便会自动自发地不懈努力,以兑现这种基于上司信任的承诺,做到不负重托与期望。

当然,相信员工并不是放纵员工,领导者必须能够敏锐地发现、防范问题,而且要去寻找问题,把问题扼杀在萌芽阶段。作为领导者,必须在任何情况下都保持清醒的头脑,坚持用科学的思想方法全面而辩证地看待问题,只有这样,才不至于被表面的假象所迷惑,也不至于产生不必要的怀疑。

成功领导者的共同特点就是知人善用,构建统率一支具有强大的凝聚力和战斗力的团队。所以,领导者必须做到明辨是非、去伪存真、用人不疑,这样才能创造一个良好的信任环境,为事业的成功奠定基础。

信任你的员工,也就是信任你自己;束缚你的员工,自己也会感到掣肘。看准了人才，就要放手使用，充分信任，为其创造有利的环境，提供必要的支持。管理者只有充分信任员工，大胆放权，才能使员工产生责任感和自信心，从而激发员工工作的积极性、主动性和创造性。

管理者要做到用人不疑，疑人不用，应该注意以下几点：

(1)慧眼识英才

选拔人才，必然要独具慧眼，多加考察，充分认识其各方面的素质，综合评估他的能力，给他安排适合的职位。可以说，人才选拔至关重要，它是日后用人不疑的前提与保障。

(2)给员工自由发挥的空间

管理者是因为了解员工、信任员工，才会让他担当某一职务，负责某项工作。既然是这样，就应当对员工放心，放手让他去干，除了在宏观上给予指导外，不要指手画脚，使员工无所适从，完全变成木偶；更不要让他站在一边“歇凉”，自己去辛辛苦苦做员工应当做的事，这是费力不讨好的愚蠢做法。

(3)设身处地为员工着想

员工有时会与管理者意见不一致，有时可能会不接受管理者所分派的任务，或对管理者分派的任务完成得不好。这时，千万不要认为员工不服从管理，不愿合作，没有本事。员工也有思想，也有情绪，也会受到主客观条件的限制。所以，管理者要冷静下来，替员工着想，心平气和地摸清状况后再做决定。

(4)坦诚待人，表里如一

管理者应与员工时时沟通，有话当面交谈，切忌背后议论。另外，受管理者信任的人容易遭人嫉妒，是流言蜚语攻击的对象。对于挑拨管理者与受信任者的流言蜚语，管理者应谨慎对待。

2.事必躬亲不可取

授权,是管理学中一个重要的概念。一个公司,每天所要决定的大事小情不计其数,如果领导者事事过问,事必躬亲,那就算有三头六臂,恐怕也难以顾全。只有将权力分散出去,授权给各个管理层,一个公司才能够像由许多齿轮共同构成的钟表一样,正常稳妥地运行下去。

说到授权,海底捞的做法简直令人大跌眼镜。

张勇说:"在财务上,我充分授权,没有资金需要我审批,财务总监就是最后一道坎。海底捞每年要花10个亿出去,平均每天的资金吞吐量有多大?我如果事必躬亲,会累死的。在海底捞公司,从管理层到普通员工,都拥有超过一般餐饮店员工所能得到的权力:200万元以下的开支,副总可以签字;100万元以下的开支,大区经理可以审批;而30万元以下的开支,各个分店的店长就可以做主;就连普通的一线员工也有一定权限:他们可以赠送水果盘或者零食,如果顾客提出不满,他们还可以直接打折,甚至免单。"

如果一个管理者认为他的职务权力只能由他个人行使,那就没有一个人有能力胜任其工作。授权不只是在职责上分散权力,还要让他人代替自己去执行具体任务。在现实生活中,没有一个管理者是能够不通过别人的帮助而获得成功的。

管理者不是完人, 也有自己不擅长的领域、不熟悉的方面,所以,管理者要学会授权,并在授权的时候尽量做到人尽其才,大胆启用精通某一行业或岗位的人,授予其充分的权力,使其具有独立做主的自由,这能够激发他们的使命感。如此一来,每一级的管理者都可以圆满完成各自的任务,从而达到公司的发展目标。

梁林刚到一家酒店担任公关销售部经理不久。他在这一行干了多年，从销售代表一步一步做上来，建立了很好的客户关系网。前几天，有3个洽谈业务的重要会议，因为会议较重要，又都是老客户，梁林就一个人全部谈了下来，并亲自做了3个会议的接待计划。他认为会议接待通知发下去后各个部门只要按照计划执行就可以了，没想到其中一个会议在接待过程中出了些纰漏，造成客户投诉，结果老总把他叫去训了一通，说他并不适合做一个经理。

管理者事必躬亲是不可取的，这在一定意义上剥夺了下属工作的权利，也相当于剥夺他们的成长权、成就权。况且，在一个团队中，管理者随意介入下属分管的事务，一方面容易招致下属的反感，另一方面，管理者过多插手一线工作，会养成下属的依赖心理，甚至导致下属的懒惰，最终形成一种下属大事小情都汇报请示，管理者却陷入琐碎事务的泥潭而不能自拔的局面。

所以，管理者应该做的是全面把握部门的管理，包括市场规划、对下属人员的培训、客户管理、与其他部门的沟通协调等事宜，而非事事亲力亲为。以前，我们常称道“鞠躬尽瘁，死而后已”的敬业精神，很多企业的管理者就是这样。但是，现代管理者应该做的是把握全局，而非眉毛胡子一把抓。你必须学会将手中的权力尽可能地下放，才能更好地提高管理的绩效。

潘石屹与妻子张欣在1995年共同创立的SOHO中国有限公司如今已成为北京最大的房地产开发商。公司创立之初，正是需要壮大的时候。SOHO管理者充分授权给一线销售人员，规定销售人员只要不说一句假话，不说别人的项目一句坏话，剩下的可以随便发挥，想说什么就说什么，爱说什么就说什么，该用什么方式与客户沟通就用什么方式。SOHO的管理者说:“我们只告诉员工要达到的结果是什么。管理层的任务是在该出现的时候出现,我们从来不去过多干预过程。”不去管理监督并不等于没有管理监督,每个员工有自己明确的目标。SOHO管理者创造了一个竞争的氛围,可以说是残酷的,也可以说是异常积极的。对于员工的工作过程,SOHO给予足够的空间和自由,比如上下班,何时来,何时走,悉听尊便,只要他们能完成自己的工作目标。SOHO认为,只有在充分调动了自己的主动性和创造性后,员工才能充分发挥出自己的能力,展现出自身的价值。

那么,有效授权的技巧都有哪些呢?

第一,必须克服害怕授权的心理。有些管理者害怕下属能力比自己强,将来会“夺”自己的权,因而处处压抑下属的首创精神,以致形成“武大郎开店——不容大个儿”的格局,这也是西方著名行政管理定律——“帕金森定律”之一。所以,管理者首先必须克服害怕授权的心理。

第二,正确认识下属。正确授权很关键的一步是对下属要有一个正确认识。管理者在授权之前必须对下属进行仔细的观察,通过西方人力资源管理中的“360度”考核方法,认识被授权者的能力、工作成熟度、所处的成长阶段等。

第三,明确权责,使权责一致。授权的前提是明确职责,这也是搞好授权反馈与控制的前提。若是职责不清,就会不断发生摩擦,相互“扯皮”或“掣肘”,这是授权的大忌。明确权责既可以调动被授权者的工作积极性和创造性,又有利于授权者对工作进行评价。另外,授权者还须保证被授权者的权力与责任相一致,即有多大的权力就应担负多大的责任,做到权责统一。

第四,讲究方法。管理者在授权时必须因时、因事、因人、因地、因境、因条件不同而确定授权的方法以及权限大小、内容等。

第五，反馈与控制。为保证下属能及时完成任务，了解下属的工作进展情况，管理者必须对被授权者的工作不断进行检查，掌握其工作进展信息，或要求被授权者及时反馈工作进展情况，对偏离目标的行为要及时进行引导和纠正。同时，管理者必须及时进行调控。当被授权者由于主观不努力，没有很好地完成工作任务时，管理者必须给予纠正，并承担相应的责任；对不能胜任工作的下属要及时更换；对滥用职权、严重违法乱纪者，要及时收回权力，并予以惩处；对由于客观原因造成工作无法按时完成的，必须进行适当协助。

是否懂得授权之道，是区分优秀管理者与平庸管理者的关键所在。现在已非单打独斗的年代，作为企业领导者，更应懂得如何有效授权。因为，只有通过授权发挥团体的力量，群策群力，才能更好地实现企业的快速成长。

3.大权独揽，小权分散

从原则上讲，大权独揽，小权分散，抓大放小无疑是很好的策略。从权力的性质来看，通常情况下，一个组织的权力有三个层次：决策权、运行权、执行权。所谓大权，主要是指决策权，还有就是运行中关键问题的把关权，这具有“不可替代性”。

人们在提到海底捞的时候，头脑中想起的领导者形象总是张勇。其实，在很长一段时间里，张勇只有海底捞25%的股份，舒萍（张勇夫人）和施永宏、李海燕夫妇也同样各占25%的股份。当年创立海底捞的时候，起步资金是舒萍和施永宏、李海燕夫妇一起凑的，张勇一分钱没出，那么，张勇是凭什么获得这1/4的股份的呢？其实，主意多的张勇一开始就是这4人中的首脑，甚至股份平分都是他提议的。

在海底捞尚未扩大时期，张勇就已经是海底捞的领导者了，尽管4人所占股份一样，但在大事决策上，张勇都是最后拍板的人，而其他3位大多时候只是执行者。所以，虽然法律上张勇只是大股东之一，但他拥有海底捞的绝对控制权，在大事上说一不二。

张勇夫妇和施永宏夫妇开第一家火锅店的时候，那会儿还不叫海底捞。年轻人总是比较贪玩，4个人每天懒懒散散，心思完全不在火锅上。有客人来了，4人一起张罗一锅火锅；没人来的时候，舒萍、李海燕就会招呼对面理发店的小妹，支起麻将桌打麻将。

经过一段时间，张勇觉得这样下去不是办法，便决定好好整理一下火锅店。一天，舒萍和李海燕还像往常一样说说笑笑地打麻将，张勇突然说："我决定成立一家公司。"当时打麻将的几人都愣住了，不知道说什么好。舒萍有些轻蔑地说："就这4个人的小火锅店，还开个公司？"怒气积压了许久的张勇猛地掀翻了麻将桌，吼道："就是要成立公司，而且我还要做总经理。"被当众羞辱的舒萍哇地一声哭着跑了，李海燕和理发店过来搓麻将的小妹也呆住了，不远处的施永宏不敢开口劝张勇。之后，张勇果然按自己说的，成立了一家火锅公司，自己担任总经理。

从这件小事就可以看出张勇在这4人中的领导地位。在后来的十几年里，他们延续着创业初的模式，张勇一人拍板重大决策。没过多久，张勇就让舒萍下岗了，接下来是李海燕，这在其他公司都是不敢想象的事，要知道，那会儿张勇只有1/4的股份。最让人惊愕的事情发生在2007年，张勇竟然让跟着自己打拼多年的施永宏下岗，离开海底捞，不仅如此，他还用原始股价从施永宏夫妇手中购买了18%的股份，而施永宏竟然同意了。

如果不清楚创业之初的情况，人们会很难理解后来的这一切。为什么张勇可以让其他股东下岗，甚至用“白菜价”从其他股东那里购回价值不菲的股份？正是因为从海底捞成立开始，张勇一直都是实际上的领导者，其他3位只是执行者，换言之，海底捞表面上是四大股东共有，实际上一直都是张勇绝对控制的企业。

对于事关企业、部门生死的权力，领导人、主管必须牢牢地抓在手里。“大权集中”有利于集中力量办大事，同时保证决策的连续性和稳定性。无论是政府还是企业，无论是民主式决策还是集中式决策，最终都得有一个拍板的人，这就要求这个人应该掌握比较大的权力。对于一个组织的发展而言，最重要的是决策。

联想的第一代领导人柳传志，虽然已经退居二线，但影响力依然不减当年；万科的第一代创业者和领导者王石，虽然目前已经交班给郁亮，但依然是万科的精神领袖；海尔集团CEO张瑞敏、华为集团CEO任正非……这些依然在一线的企业创业者对企业的影响力更不用说。

集权而不专权，放权而不放任；一手软、一手硬，一手放权、一手监督；大权独揽，小权分散，以权统人，调动部属，这就是中国领导者的授权之术。

那么，对于一个正发挥着重要作用的管理者或者主管来说，哪些大权是他必须抓的呢？

(1)财权，钱是企业的命脉，权力中的重中之重。

(2)人事任免权，这主要涉及非常重要的人事调动和安排。

(3)知情权，即使某些时候不参与决策，也应该对公司所有重大决策有知情权。

(4)最终决策权，即对一般及重要决策进行最后拍板的权力。

“权”字好说不好用，怎样用得游刃有余、得心应手，才是领导者所关心的。能否驾驭下属,最关键的一环就是有没有权力。身为领导者,必须大权独揽,才能有效地驾驭下属,如此,方能上令下达,保证命令和措施得以快速地贯彻实行。

与大权独揽相对应,管理者也要懂得把小权分散给下属,如中国式管理之父曾仕强教授所言:“中国的管理者是善于用巧劲儿,拿出一部分权力分给下属,他们做的只是以权统人。领导者应该是帅才,总揽全局;其他管理者则是将才,他们应当各司其职,管好‘线’上的工作;而员工则是士兵,应当做好自己的本职工作,做好‘点’上的事情。”

领导者要处理好大权与小权的关系,做到大权揽得住、小权散得开,不能大小权力一把抓,大权管不住,小权乱插手。只有做到大权独揽,小权分散,领导者才能利用有限的精力实现高效的管理。

4.制度是权力的监督

不管在什么行业,采购工作都被看作一个“肥缺”,因为难以监控和管理,许多采购员从中获得了不少油水,管理者也只能睁一只眼闭一只眼。海底捞所有店面的食物和原料都是统一购置的,岂不是有更大的油水?

杨滨是海底捞的采购部主管,他和张勇在上学的时候就是铁哥们儿,因此,张勇把海底捞最重要的工作交给了他。杨滨来之后,海底捞每年能省下十几万元的采购费。

杨滨管理着20多个采购员,但他从来没有担心过这些人会吃回扣。杨滨对采购员的充分信任并不是盲目的。一方面，这些人都是从海底捞基层选上来，慢慢培养起来的；另一方面，这些人的金钱欲望没那么大，而且他们的工资基本和店长相当；但最重要的是，他认为海底捞已经具备了科学完善的采购流程和监管机制。

在张勇看来，在完善机制的基础上放手让员工去干是一种信任。人人都知道海底捞的服务员有免单或者打折的权力，这种权力不只是某个人说了算那么简单，而是有明确的制度规定的。

张勇首先规定了权力使用的前提，在出现质量事故或者顾客提出合理的要求时，为了保证顾客满意度，可以使用这种权力。出现质量问题时，服务员可以根据情况给予打折或者免单，当在免单的情况下顾客仍要求赔偿时，领班可以酌情处理，赔偿金额可在消费额的两倍以内。每个服务员有200元的支配权，用来给店内外顾客提供需要的帮助，使用权力的当天要填写报销单找大堂经理报销。

同采购制度和授权制度一样，海底捞的考核等各项工作也有明文规定，这不是张勇或者某位高管的一句话就可以改变的。在海底捞，制度不是摆设，而是时时处处都具备话语权的一种管理方式。人的标准总是带着很多的主观性，用制度来管理就能够避免很多不必要的冲突。用制度说话，不仅能够明确员工的责任和权益，也能够避免朝令夕改的情况。

柳传志有一句名言："爬喜马拉雅山，可以从南坡爬，也可以从北坡爬。联想一旦决定从北坡爬，大家就不要再争了，哪怕北坡看似更远、更陡、更危险。"企业要制度化管理，而且制度不是用来讨论的，而是用来执行的。也就是说，企业若想顺畅发展，就一定要有一套完善的管理制度，并且所有人都要严格按照制度执行。俗话说，没有规矩，不成方圆。企业管理者要明确一点，制度之于公司就像规矩之于方圆，其重要性不言而喻。

制度是企业管理的基础和保证。因此,制度一旦制定,就必须严格遵守,否则企业就会成为一盘散沙,危及自身的生存。

1946年,松下公司面临极大的困境。为了渡过难关,松下幸之助定下了严格的考勤制度,要求全体员工不准迟到,不准请假。

然而,这个制度制定不久,松下本人就迟到了。本来,松下上下班都是由公司的汽车接送,当天,他早早赶往车站等车,可左等右等,却不见车来。看看时间差不多了,他只好乘电车。刚上电车,他就看到公司的车到达,便又从电车下来换乘汽车。但由于耽误了时间,到达时整整迟到了10分钟!原来是司机班的主管督促不力,司机又睡过了头,所以晚接了松下10分钟。

按照制度规定,迟到是要受批评、处罚的,松下认为必须严厉处理此事。

首先,他以不忠于职守的理由,给司机以减薪的处分,其直接主管、间接主管也因监督不力受到了处分,共处理了8个人。

其次,松下认为对此事负最后责任的,还是作为最高领导的社长——他自己,于是,他对自己实行了最重的处罚,退还全月的薪金。

仅仅迟到了10分钟,就处理了这么多人,连自己也不饶过,此事深刻地教育了松下公司的全体员工,在日本企业界引起了很大震动。

企业管理中,必须做到有制度可依,同时做到有制度必依。制度定出来不是给人看的,而是让人遵守的。一旦制定,组织中的任何成员都必须受到这个制度的约束,这样才能发挥制度的作用。

言传再多也不如身教有效。若想让员工遵守制度,管理者首先要管好自己,为员工们树立一个良好的榜样。行为比语言更重要,领导的力量往往不是由语言，而是由行为动作体现出来的。

制度不仅能让员工的行为有底线规范，更能让管理变得简单、公正。因此，管理者要做好制度的建立者，更要做好制度的守护者与执行者，才能确保制度的执行对企业经营起到持续的正面作用。

管理者在制定及执行制度的过程中要遵守3个原则：

第一，要保证制度的严肃性和连续性。朝令夕改会使制度失去效力，流于形式，因此，一个好的企业制度要保证不因企业管理者的改变而改变，不因管理者与被管理者关系的亲疏而改变。

第二，制度要随客观环境的变化而不断改进、修订和完善。制度不可能一成不变，必须与时俱进。

第三，所有制度必须依据人的本性制定，以便于执行。企业的制度要尽可能少，制度越少，员工重视的程度就越高。制度要简单易懂，每一条款都要有解释，以免造成误解，要尽可能吸收员工参与制度的制定。

5.走到现场去办公

海底捞的火爆程度，张勇原本并没有太直观的感受，还是一次在西安巡店时，他才真切地感受到自己的店究竟有多受欢迎，当时还差点闹出笑话。

一天，张勇来到西安，要到分店巡视。这家分店设在市区的一条大马路边上。老远的，他就看到路上挤满了人，连路边上都坐满了人。看这阵势，张勇以为有人在打架，便沿着这群“看热闹”的人的目光，一边大声喊着“打架了”，一边一路小跑到前面去看。他太投入了，竟没发现自己引得周围人侧目。一直跑到最前边，张勇才发现这些人是来海底捞吃火锅的，队伍竟然占满了整条马路。

巡店的习惯张勇一直保持到现在。在海底捞创办初期，店面还不多，张勇巡店很勤，他也喜欢巡店。因为火锅店的生意怎么样，不是几张报表就能够说清楚的，经营中出现的问题也不是销售数字所能反映的。不过，现在张勇巡店的次数已经远远不及大区、小区经理。

海底捞的考核指标不是管理人员在办公室里评估的，而是通过走动式的巡店来考察的。

负责人在巡店时会对各个店进行评级，最高级是一级。被评为一级店后，该店店长就有权力培养新的店长，也有机会竞选小区经理。而小区经理要想继续升为大区经理，就要保证4/5的直接下属在规定时间内有进步，比如，手下的5个二级店中，有4个升至一级店。

巡店时，一个重要的考核标准就是顾客满意度。很多餐馆的顾客满意率是通过客人填写调查表得出的，这在海底捞绝对不会出现。因为，在张勇看来，一方面，顾客可能不喜欢这种调查，另一方面，客人可能会碍于情面填写虚假信息，这样不但无法得到真实的信息，还可能会降低顾客的满意度。

所以，张勇直接将自己创业时巡店的方法教给了手下。小区经理先去巡店，与各门店店长沟通顾客满意度方面的问题，做得好与不好的方面都要了解。在经过小区经理认可之后，小区经理的上级以及其他小区还会有人到店来巡视和检查。最后，海底捞总部技术工作的负责人也会来店里，他们主要是负责指导工作。

海底捞对管理层巡店的次数和流程都有规定，但他们一般都能超额完成，因为巡店能够掌握手下工作的第一手资料，发现新的问题。晚上8点，吃饭的高峰期，小区经理会到各个店看看员工的服务、效率等工作情况，10点之后，用餐的客人渐渐散去，店长们开始整理一天的工作。小区经理会和店里的员工进行深入交谈，也可能会跟着他们一起开会，了解一天的情况。

巡店结束后，经理们回到办公室，查收一天的邮件等，完成张勇布置的工作日志，及时对当天的问题做出总结和应对，也为新一天的工作订好计划。一个巡店流程下来差不多要半夜了，不过，他们已经适应了这种节奏。

张勇为何提倡走出办公室去办公，走到现场去办公？最重要的原因是，坐在办公室里想出来的办法和制度容易陷入"纸上谈兵"，真正的问题只有到现场去看才能发现，而且，坐在办公室里的管理者也容易变得官僚主义。

官僚主义意味着浪费、延缓决策制定、不必要的审批，以及其他所有扼杀公司竞争精神的东西。一位年轻的大学生曾经问韦尔奇："假如一个大公司碰到官僚主义，你会怎么做？"韦尔奇直接回答："拿一枚手雷炸掉它。"他觉得，每个人都要尝试着使企业摆脱铺张浪费的官僚主义，但这又谈何容易？甚至那些在消除这一"癌变"上做得好的公司，也不可能一劳永逸地割除它，因为它每隔几年都能找到办法死灰复燃。所以，一些管理者在对待如何消除企业官僚主义这一点上是非常决绝的，例如麦当劳的创始人雷·克罗克。

麦当劳公司曾有一段时间面临着严重的亏损危机，经过调查之后，他发现起因是各职能部门的经理有着很严重的官僚主义作风，习惯躺在舒适的椅背上指手画脚，把许多宝贵的时间耗费在抽烟和闲聊上。这让他十分愤怒，他立即命令将所有经理的椅子靠背锯掉。

刚开始的时候，很多人私下里骂他是个疯子，但当他们纷纷走出办公室，深入基层，开展“走动管理”的时候，发现管理当中的确存在许多的问题。通过及时了解并现场解决问题，公司终于实现了扭亏为盈的目标。

现代大企业多少都有一些官僚主义的通病。总裁办公室附近的员工，工作几年甚至都没能和总裁说上话，这样的体制怎么会不犯错误？怎么会获得建设性的意见？

管理者绝不能仅仅是坐在办公室发布命令，而应实行走动管理，这能体现上级对下级或对客户的关怀。通过面对面的接触，管理者可以更好地对下级进行指导，同下级直接交换意见，了解下级遇到的各种问题，从而更有效、更及时地采取相应的措施。随着社会的发展，走动管理风格已日益显示出其无与伦比的优越性。

6.时刻保持忧患意识

智慧的企业管理者，总是时刻拥有危机感。张勇同样如此，虽然他看起来并不关心海底捞的日常运行，但实际上，他一直觉得海底捞表面的繁荣背后是重重危机。对于张勇的担忧，最有力的佐证就是管理日常事务的杨小丽的话：“当海底捞要变大的时候，就会出现严重的危机，难怪张大哥经常说他感到危机四伏。”

2004年海底捞就曾出现过张勇所担忧的情况：高层到基层传递效率递减，店与店之间差别大，尤其是一些“山高皇帝远”的地方。这一年的阴历腊月二十八，杨小丽接到张勇的电话，让她去负责郑州大区的工作，当时郑州大区是海底捞的主要经营区，有两个分店。

雷厉风行的杨小丽第二天就赶到了郑州，后来，她这样回忆当年的情形："我到了郑州之后，先去店里看，第一感觉是员工有些懒散，没有一点主动意识和团队精神。"第二天在郑州二店的考察，让杨小丽多年后都记得一位斜挂衣服、嘴叼烟的大堂领班。当天可是大年三十啊，可整个二店却慢慢悠悠，犹如一盘散沙，毫无生气。

当时，人们已经习惯于在大年初一出来吃饭，这可以说是每家餐馆必争的日子。可海底捞郑州店的员工再次让杨小丽目瞪口呆：早上9点半上班，没有一位员工因为当天是大年初一而早来做准备，全都挨到9点半来，然后开始慢吞吞地打扫卫生。等到中午客人上座之后，卫生问题依然没有彻底解决，效率极低。一家分店有200多名员工，打扫卫生竟然要花费几个小时。

最后，问题当然被杨小丽解决了，不过，当时海底捞只有8家分店，而如今海底捞在国内有86家分店，还不包括海外。从这一点看，也难怪张勇一直感觉危机四伏。

随着海底捞逐渐壮大，问题变得越来越多，这其中不仅包含海底捞内部问题，张勇也遇到了一些棘手的外部问题，比如一些餐饮企业利用和政府的关系，获得相关方面的优惠政策，逐渐侵蚀海底捞的市场。"内忧外患"之下，张勇更加担心，甚至产生了恐惧，总觉得海底捞随时会垮掉，这也让张勇的精神负担越来越重。为了缓解内心的恐惧，张勇选择上市，目的就是提高海底捞的社会影响力和社会地位，获得更多人的投资，将海底捞与股东捆绑在一起，由众人分担海底捞未来的风险。

张勇在海底捞鼎盛时期依然有忧患意识，这不是他一人所独有，成功的企业家多半一直保有远超普通人的忧患意识，因为缔造商业帝国的企业家们，比别人更清楚大厦的缺陷。

管理大师德鲁克说："明天终归要来，并且一定会与今天不同。到那个时候，即使是最强大的公司，如果没有为将来做好充分的准备，也一定会陷入巨大的麻烦之中，甚至会丧失自己的个性和领导地位，遗留下来的不过是维护大公司运转的巨额开支。"

管理者的超前忧患意识，在当今市场条件下尤为可贵。我们从众多企业盛极而衰的变迁中可以看出，企业鼎盛的时候，可能就是走下坡路的开始；产品最畅销的时候，往往也是滞销的开端。

美国百事可乐公司是国际著名的大企业，但就是在公司事业如日中天的时候，总经理韦瑟鲁普却开始担心汽水市场将会走下坡路，同业之间的竞争也会变得更加激烈。

如何激发员工的工作积极性，使百事可乐公司的员工们相信，如果他们不拆散这部金钱机器，再重新把它建立起来，百事可乐公司就有可能走向衰亡呢？为此，韦瑟鲁普制造了一场危机。

韦瑟鲁普和销售部经理重新设计了工作方法，并规定了工作任务，要求年收入增长率必须达到15%，否则企业就会失败，百事可乐公司也将不复存在。

这一要求可能有些危言耸听，但也在一定程度上反映了市场竞争的激烈程度及由此可能产生的后果。最终，韦瑟鲁普完成了他在公司生涯中最艰巨的一次行动，即被他称为"末日管理"的战略的推行。

百事可乐公司的"末日管理法"充分运用了各类资产，使公司的现有设备等得到了最大限度的利用，减少了资金的占用，使得资产的循环周转变得顺畅，一些日常管理的节奏也逐渐加快，公司的经济效益不断获得提高，事业也蒸蒸日上。

"末日管理"的核心是要求管理者具有忧患意识，要居优思劣、居安思危、居盈思亏、居胜思败，其目的就是预防危机的到来。

海尔总裁张瑞敏曾说过："没有危机感，其实就有了危机；有了危机感，才能没有危机；在危机感中生存，反而避免了危机。"

德鲁克说："如果企业未能着眼于未来，在变革发生时就不得不承受被新情况搞得措手不及这一巨大风险。这种风险是任何大企业都承受不起而任何小企业都不需要冒的风险。因此，企业管理者有责任以未来的眼光关注企业的战略，从忧患意识上强化战略的预见性和未来性，将危机消灭在萌芽状态。"

7.做好员工激励很重要

管理者用各种方式来激励、激发员工的潜能，以不断地为公司创造更多的价值和效益。恰当的激励方式在一个企业中是必要的。有些企业树立了一个远大的目标，而这个目标是集体性的，达到目标既能让员工的精神需要得到满足，同时也能满足他们的物质需要。目标是组织对个体的一种心理引力，用适当的目标诱发人的动机和行为，可达到调动人的积极性的目的。一个人只有不断启发对高目标的追求，才能激发其奋发向上的内在动力。为员工设定一个明确的工作目标，通常会使员工创造出更高的绩效。目标会使员工产生压力，从而激励他们更加努力地工作。

有了目标后，当员工每向目标迈进一步，公司都要适时地给予物质和精神上的鼓励，让员工更坚定地向着目标努力。满足人们的自尊需要，是激发人们进取的重要手段，它有助于企业的团队精神和凝聚力的形成。员工只有感觉到自己被尊重、被认可，才会竭尽全力地为企业贡献自己的聪明才智，在这一点上，能力和组织感召力比较突出、渴望被别人肯定与认可的人才尤为如此。

当员工提出一项建议或完成一项工作时，肯定都想得到认可，因此，从这个心理需要出发，当员工完成了任务后，公司领导就要肯定他的作为和贡献，然后再从他的建议或工作的偏差中去进行指导、修正，力求完美。根据调查显示，高达78.2%的被调查者希望管理者工作时像领导，非工作时像朋友；52.8%的被调查者认为管理者对人才的尊重和认可是最能激发他们积极性和创造性的因素。因此，尊重应当成为激励人才的第一要义。

对员工的尊重和认可要从一定方面表现出来，让员工感受到他的付出是有价值的。比如，想办法增加奖励的透明度，消除发薪水的秘密程度，把员工每月的工资、奖金等张榜公布，或者公示受嘉奖的员工。这种行为将在员工中产生激励作用。

在竞争越来越激烈的今天，更多的企业开始意识到，公司的竞争实力主要来自拥有一批高素质的员工队伍，他们是企业的宝贵财富，是企业成功的关键。如何有效地激发员工的积极性，使员工更加忠于企业，尽心尽力地完成工作，是每一个企业领导者希望解决而又经常不得要领的一个问题。海底捞的做法或许能给你一些不一样的启发。

海底捞走的是一条"企业激励一线员工、一线员工激励顾客"的发展路径。在这里，只要工作做得出色，就会在你的工资奖金和职业前景上体现出来。海底捞每个月会评选一次先进员工，并发放奖金。同时，在海底捞工作满一年的员工，若一年累计3次或连续3次被评为先进员工，其父母就可探亲一次，费用公司全部报销，本人还有3天假期。这些举措能让员工认识到做好工作的重要性，“标兵”“先进员工”等称号让普通员工有了信心和干劲儿，激发了他们的工作热情和积极性。

海底捞的员工激励做得非常到位，有的员工到店里时间虽然不长，却能感受到无处不在的鼓励。管理者时刻都在员工身边，所以他们能够看到员工做得好的地方，能够做到随时鼓励员工。有时候，在海底捞的例会上就会发些实物或者现金以示奖励。奖品虽然很小，但对员工来说是一种肯定，是更好工作的动力。第一天新员工入职的例会上，最早自我介绍的奖励一瓶饮料；晚上的新员工小会上，后堂经理会给每人奖励一个水果，并宣布表扬大家做得好的原因。这些小小的激励让海底捞的员工对工作充满了热情，感受到了重视。

在工作忙、最需要人手的时候，海底捞的管理者都会出现在工作一线，给员工提供帮助，这时，员工会非常感动，而这种感动又会变成强大的激励，激励他将工作做得更加尽善尽美。

与海底捞相似，有一家餐饮企业也同样做到了适时激励员工。在走向正规化经营以后，这家公司首先明确了晋升和奖励机制，以激励员工更好地工作。公司的老总说：“员工的年终奖是其全年工资的一定比例。这个比例逐年递增，第一年是4%，第二年是6.5%，第三年7%，以后每年增加1个百分点，上限为10%。”公司的年终奖取决于员工当年的努力和工龄。如果工作够出色，勤奋努力，即使是刚入公司一年的员工，其年终奖也有可能高于工作三五年的老员工。这种特殊的年终奖制度大大激励了员工在日常工作中的积极性，而上限的设定也避免了老员工的懈怠。另外，公司还通过职位的晋升机制来激励员工更加积极地工作。公司生产系统中的管理人员大部分都是在公司工作了七八年的老员工,公司老总表示:“年终奖设定上限还有另外一个原因,对于在公司服务6年以上的老员工,年终奖已经不是最好的奖励方式了,我们更注重于为其提供晋升通道,引导其往更高层的职位努力。”

8.去复杂化,简单才会出效率

在企业的运作过程中,准确找到并把握事物的规律,去伪存真,由此及彼,由表及里,将一个个复杂的工作简单化,然后高效地解决,这就是简单管理。本质上,它是一种执行文化,解决的是国内企业普遍存在的“知行不合一”“理念天上飘,行为地上爬”的矛盾。

海底捞的管理向来简单实际,从极其细微的小问题上直面事情的实质,让每个海底捞的经营理念都能落到实处。

随着企业的不断发展,海底捞对自己的逐渐发展壮大越发感到迷茫,这种迷茫往往会导致在企业越来越庞大的同时,管理层开始变得越来越臃肿,处理事务越发机械化和程序化,管理越来越复杂,而效率却越来越低下。所有这一切都反映在一个逐渐提高的管理成本上,管理费用的增长比公司的利润甚至比销售量的增长还要快。这时候,许多管理人员才逐渐开始认识到,我们的企业病了,得了一种以“复杂”为症状的病。

海底捞的管理层立刻着手分析这一病症,并且迅速对症下药。他们细心排查自己的管理链条,下狠心将企业中可有可无的中级管理层撤去,精简程序,厘清职责,努力铺设一条从员工到大区经理之间最直接最快捷的管理通道。

海底捞的优势在于个人的灵活性，在于高效的执行力，如果事事都需要向上级汇报，工作的效率和服务的质量势必将大打折扣。整改以后的海底捞，如同旅者扔掉了多余的负重，重新得以轻装前行，而员工的积极性也空前高涨起来，因为人只有在得到一定的自由空间之后，才会激起一展拳脚的冲动。

杰克·韦尔奇被众多媒体誉为“20世纪最伟大的CEO”“全球第一职业经理人”。自1981年担任通用电气公司董事长与CEO以来，短短20年时间，韦尔奇把通用电气公司从一个痼疾丛生的超大企业改变成了一个健康高效、活力四溢、充满竞争力的企业巨人。到2001年，通用电气公司市值高达4500亿美元，增长了30多倍，排名从世界第10位跃到第2位，这一梦幻般的成就是如何取得的呢？所谓“大海航行靠舵手”，正是杰克·韦尔奇优异的管理思想和领导艺术造就了这一神话。

杰克·韦尔奇的管理思想中有一条非常著名的论断，就是“成功属于精简敏捷的组织”。用他一贯主张的速度原则表述便是：最少的监督，最少的决策拖延，最灵活的竞争。他认为企业不必复杂化，对他来说，使事情保持简单是商业活动的要旨之一。他的目标是“将我们在GE（通用电气公司）所做的一切事情、所制造的一切东西‘去复杂化’”。

世界是复杂的，但也是简单的，只是我们常常被自己的习惯性思维所禁锢，结果把简单的事情复杂化。如何使复杂的事情回归于简单，根除企业的“复杂病”，是每一位职业经理人亟待思考的问题。

老子曾经反复讨论“道法自然”管理的精义，明确提出了管理的最高境界:“稀言自然”“无为而治”“治大国若烹小鲜”。治国尚如此,何况管理企业呢?两点之间线段最短,理性的企业管理就是在目标和实现这个目标的两点之间,找到一条既短又好的线段。杰克·韦尔奇说:“作为领导者,必须具有表达清楚准确的自信,确信组织中的每一个人都能理解事业的目标。然而,做到组织简化绝非易事,人们往往害怕简化,他们往往会担心,一旦他们处事简化,就会被认为是头脑简单。事实恰恰相反,唯有头脑清醒、意志坚定的人才是最简化的。”

简单管理的核心是要形成一种自然秩序。任何一个群体或组织,总要围绕核心做一件事,由此决定在各个环节上应该在什么时候、做什么和做到什么程度,这些用不着管理者指东道西。较为贴近的例子是在一个交响乐团中,号手也好,小提琴手也好,每个人都知道到哪个环节应该做什么,用不着指挥告诉他。也就是说,当组织中的每个岗位、每个环节、每个人都知道什么时候该做什么时,企业的自然秩序就形成了。

简单管理同时又是不简单的。简单管理在形式上追求简单,在内涵上则要求深刻、丰富,要求对事物的规律有深刻的认识和把握。要想把一件复杂的事情变得简单而有效,并不是件容易的事情,更何况“管理”这个永远令职业经理人头疼的词汇。“简单”并不意味着“放弃”,如果我们为了追寻简单而放弃管理工作一个星期,那我们就可以永远休息,永远不用管理了。简单管理境界虽高,但命悬“执行”。尽管有了化繁为简、以简驭繁的思想和技巧,但是,如果没有“执行”,一切便都是空谈。所以,为了实现企业最终的“简单管理”,我们需要一批有良好理解力、执行力和专业化能力的人才,有了他们,企业的整体生产力才能向更简单、更实用、更高效的方向迈进。要有一批能找出方法、找到工具并具备教育能力和耐心的中层管理者担负传承使命,才能让更多的员工把“简单管理”从口头念叨转化为行为中的自觉，从而更好地把事情做对，日复一日，从寻常单调中获取成就感和工作尊严。

简单管理是一门事半功倍的大学问，是管理的最高境界。但需要指出的是，简单会带来巨大的成功，同时也伴随着巨大的风险。简单不是一味地“减少”，它需要认真地准备，认真地体会，认真地实践，认真地执行。如此，简单才会出效率，管理才能实现简约、集约和高效。

第七章

团队之道：像打麻将一样分工协作

1.让价值观契合员工心理

当下中国，农民工，尤其是“80后”“90后”的新一代农民工，他们不再具有务农的能力，已经习惯了城市生活。他们期待靠自己的双手改变命运，但由于较低的受教育水平及匮乏的职业技能，他们拥有的上升渠道并不多。在他们看来，这个社会并不公平，也不公正，所以，我们才会看到富士康“16连跳”的悲剧。

海底捞的员工多数都是农民工，海底捞的内刊里有两行大字：“倡双手改变命运之理，树公司公正公平之风。”可见，海底捞的价值观是非常契合他们员工心理的，并着眼于解决他们的核心问题。

北京五店的肖克说：“我刚来海底捞工作时，一时适应不了，就跟师父肖姐说，我不想干了。”她问为什么？我说不习惯。她说：“谁刚开始都不适应，你没听人家杨姐讲吗，环境是死的，人是活的，就看你怎么去适应环境。”

“肖姐让我好好想想再决定。后来，我静下心来仔细一想，是呀，我没学历，没文凭，没口才，我能去做什么呢？像海底捞条件这么好的工作，有这么好的条件，去哪儿找？这里是苦点、累点，但我挣到了钱，可以让父母过得好一点，可以让儿女上好学校。

“不管昨天多么不如意，多么失败，都不重要。只要今天努力付出，明天就会有结果。所以，我每晚都听《献出一份爱》这首歌来鼓励自己：‘生命总有失败，难免有悲哀，不要叹气低头说无奈，别相信天安排，幸福总会到来，拿出勇气来面对将来……’

“我经常告诉自己，靠墙，墙会倒；靠人，人会跑；靠父母，父母会老；靠自己，才最好。我现在终于用自己的双手改变了命运！我相信世界上有公道，付出终有回报，说到不如做到，要做就做最好。所以，我在海底捞坚持了下来。”

领导者与员工之间要建立良好关系，保持价值观的协调至关重要。

撒切尔夫人因善于塑造和坚持一套毫不动摇的价值观而闻名于世。组建新内阁时，她精心挑选那些与她观念相近的人。决定撤换外交大臣皮姆时，她说：“我首先抛下了一个自命为飞行员，但方向感却屡出差错的人。弗朗西斯和我的分歧不仅仅在于政策的导向或者内阁的方针，甚至在于整个的人生观。”

在团体中，人们的所作所为如果不能与公开宣扬的价值观相吻合，就会迷失自我，丧失自信，其后果就是说一套做一套。为了避免被批评，他们会含混不清地汇报，怀有戒心地应对，结果导致工作上的结果有悖于自己的期望，并使他们在真实面目与设想中的自我之间产生分裂。

如果企业雇用的人在价值观上与企业文化不相符,那他就会认为企业所从事的事业不值得,那企业还怎么希望他能把该做的事做好呢?

美国一家大规模的服务性公司的下属公司中,有专门提供消灭害虫的,有提供家政服务的,还有从事专业草坪养护的。总公司的宗旨就是为人们提供最优质的服务。

在一次高级管理人员会议上,董事长波拉德播放了一盘不同类型求职者的录像带,录像带上有一位妇女,在面试时,她对管理人员说:“我是一个同性恋,但我非常乐意为别人服务,所以,我想在你们公司工作。”

波拉德和其他公司的领导认为,只要她是真心来做事的,就可以加入他们的公司。于是,这名妇女成了公司的一员。

另外,那盘录像带上还有一个人,他说:“我非常想加入你们公司,但我真的不想干服务性质的活儿,我可以尝试管理方面的工作。”

波拉德当即指出:“这个人不适合。服务是我们最根本的要求,如果他认为服务性工作是不值得做的事,可见他的价值观与我们相悖。”

最后,波拉德还说:“并非所有人都愿意接受我们的宗旨和价值观。对于那些不愿意接受的人,公司也的确不是他们合适的去处。所有想加入我们的人以及公司现有的员工,都应该明白这一点。”

价值观在考核一个人时至关重要。人的价值观会引导其思考并决定其行为。当某人申请为公司工作,并了解到这个公司信奉什么时,管理者必须思量一下,这里是否适合他,他是否能适应这里的价值标准。如果一家公司的员工不认同这个公司的价值观，那这个公司就很难经营好。

在一个企业中，当人力资源部招募到合适的人才后，人才选拔计划由业务部门同人力资源部门一起制订，并对通过初步筛选的应聘人员进行结构化测试。测试的题目要紧紧围绕公司的价值观进行，同时对应聘者个人的素质、品质和性格加以考察。

这里，起决定作用的因素并不是应聘者的专业水准，而是看他是否有与本企业相同或接近的价值观念，要知道，个人所持有的价值观往往比其所掌握的专业知识、技能更难以改变，因为它已是习惯性的或称为定式化的东西。

在人才招聘方面，我们不妨从“人乃根本、人是源泉”这几个字下手，着眼点在“人”上，按如下步骤做好招聘及人才规划工作：

(1)做出自己企业(针对招聘职位)上一年度与本年度用人计划及标准的对比，根据目前企业状况找出职位差异性。

(2)确定所招聘人才在职业生涯方面进一步成长的方向和发展的领域、空间。

(3)建立与该招聘职位相适应的近期和长期的职业兴趣。

(4)告诉应聘者，其所应聘职位的优势与未来职位设想。

(5)提出专业人才一定要做专业的事的要求。

(6)面试过程要求具有较强的目的性及针对性，并采取适当的行为导向。检验应聘者过去的经历及成就，如：专业化知识案例举证、解决问题的渠道及途径、工作主动性的认可度、事后追踪和团队合作的能力等。

2.以德为本，打造善良团队

张勇希望把海底捞打造成一个平台，在这里的人们可以生活得更好。但海底捞选人并不是没有标准，他的选人原则就是能吃苦的好人。张勇特别提到不孝顺的人不能要，对家庭不忠诚的人不能要，因为在他看来，一个连父母、家庭都不管的人是非常自私的，这样的人肯定会计较工作中的事情，无法与人为善。

海底捞员工入职前都要宣誓，其中有一句是："我愿意真诚，因为我需要问心无愧"。无愧于自己、无愧于别人，与人为善，这是海底捞员工的基本要求，同时也是张勇选拔干部的重要标准。

在海底捞成名之后，有人采访张勇，问他认为自己成功的最根本原因是什么，张勇想了想，说出了"善良"这两个字。与人为善是除了工资之外，张勇在创业之初能给员工最好的福利。

在海底捞规模还很小的时候，一次，张勇到简阳店巡店，发现一位女服务员躲在角落里哭。他走上去，问她发生了什么事情。女孩儿一边抽泣着，一边说出了自己的困难——家里从信用社借的钱还不上，到期不还，家里养的几头猪就会被人弄走。女孩儿年纪轻轻，哪里遇到过这么大的事情，事情还没发生就已经吓破了胆，哭得不成样子。

了解了情况之后，张勇马上拿了几千元钱给她，让她快去把钱还了，其他事情以后再说。除了满满的感激，女孩儿没有说别的。善良是获得信任的最简单的方式，张勇这时候根本想不到，这件事竟给海底捞留住和培养了一员大将。这位女孩儿就是杨小丽。

杨小丽一直把张勇对她的帮助放在心里，用加倍努力的工作来回报张勇的善良，直到之后成为海底捞不能缺少的顶梁柱。当海底捞越做越大时，管理层纷纷效仿张勇，比着对员工好。

在选拔干部时，张勇看的绝对不是表面的和善，而是真正能够对员工友好的品质。群众的眼睛是雪亮的，他们能够区分真正的好和伪装的善。

在2010年稻盛和夫经营哲学国际论坛上，张勇讲述了一件事，他说，曾经有一位店长一发工资就会请员工吃一顿，也经常去慰问生病的员工，但最后总部调查时，这位店长的得分并不高。这说明他只是将与人为善作为一种纪律和工作要求，而并非发自内心。张勇说国家的事情他管不了，但海底捞的事他要管，他要“创造一个彼此信任、诚实、善良的团队”。

与人为善不但是张勇选员工、选干部的标准，也是海底捞对待顾客的原则——做事凭良心，一切善为先。

张勇在谈到与人为善时这样说：

如果一位领导者很公正，很有责任心、善心和爱心，那你的队伍一定能带好。你说我理想主义，是因为我没办法，我必须通过这种理想、责任感，尽量遏制住他们的私心。

海底捞一直在坚持一种平等主义，海底捞的所有店长、小区经理都来自企业的底层，很少有空降的。不是我们不愿意外聘，也不是说外聘的人不优秀，因为职位就那么多，如果都外聘的话，“双手改变命运”就变成了一句空话。至于培养人才过程当中造成的损失，对企业来讲是值得的。坦率地说，我愿意叫底层的员工“小孩儿”，但是这些小孩儿很可爱，有的时候我也会骂他们，有时候他们也会做出一些让人哭笑不得的事情。人管人是难，如果选的人符合向善的标准,基本上就不会错。海底捞提拔干部有一个重要的原则,就是看这个人是不是与人为善。

不管是古代还是现代,我们千百年来追寻的价值观,经过历史的检验,在海底捞也不能变。诚信、善良、正直,这些都要坚持。

成功没什么秘诀可言, 就是要把我们千百年来提倡的诚实经营、优质服务落到实处。海底捞做了这么多年,其实就是秉承着与人为善的原则,不论是对员工还是对顾客。

从经济管理的角度来看, 企业领导者需要做到以下方面的“善”。

(1)以德驭人

唯有领导者深明大义,才能使员工得到教诲。员工的道德熏染,除受其群体环境的影响以外,主要还是受领导者的思想熏染。所以,领导者要特别注意自身的道德修养,注意自己的一言一行,切记不可为员工提供恶劣的道德“榜样”。

领导者的威信来源于高尚的品德。领导者具有高尚的品德,员工就会对他产生敬爱感,并发自内心地拥护他,自觉地跟着他走。所谓的“德高望重”,就是这个意思。日本的经营之神、著名企业家松下幸之助说过,一位经营者,不需要是万能的,但必须是一位品格高尚的人,因为后者更能吸引人才。

领导者应该永远做到开诚布公、光明正大、公平正直。如果领导者赢得了这种声誉,那么,他的大多数员工都会以同样的态度做出反应,部门下属也将公平、正直地对待他的上司,所有交往都会光明正大。

(2)以德为引

在日常工作中,每遇到大事,都让与人为善先行,有助于教化员工,树立良好的道德风范。

首先，一个组织有多项事业，一项事业有多种工作。事业不同，品德作风要求就不同；同样，品德作风要求不同，事情结果也会有不同。所以，不同的企业不宜用统一的标准去要求不同的事情。作为管理者，在每一项较大的工作布置之前或提出要求的时候，最好同时提出恰当的品德作风要求。

其次，选拔人才，合理任用，这是事业成功的重要步骤。

最后，不同的职业有不同的道德认识、道德情感和道德要求。因此，企业必须根据不同的职业进行不同的职业道德教育。对员工进行职业道德教育，有利于帮助员工形成良好的职业行为和习惯，对其自我完善有着重要的作用；有利于协调组织内部的相互关系，树立良好的风貌，造就一种相互关心、相互爱护、安定团结、奋发上进的企业环境。

进行职业道德教育，一般来说，应从实际出发，注意教育的层次性和广泛性，增进员工之间的相互理解，传递道德情感的共鸣，教育员工树立正确的义利观，正确处理职业道德教育与其他工作的关系，明确提出各种职业道德的规范化、制度化的要求以及贯彻道德教育的知行统一的原则，等等。

3.批评是为了更好地进步

人们都知道海底捞有“双手改变命运”的企业文化，却不知道他们内部还有一个责骂文化。在海底捞，责骂被看作一种重视，也是进步的一种动力。其实，没有谁愿意被骂，那么，责骂在海底捞为何能够成为一种文化呢？这和张勇的脾气是有关系的。

工作时间,张勇不会收敛自己的“坏脾气”,可能前一秒他还谈笑风生,下一秒看到不入眼的事,他的脾气就上来了,不管对方是谁,不管是在什么地方。

有一天,一名海底捞员工夹菜时不稳当,菜掉在了餐桌上,他没有捡起来而是继续吃饭,这一幕刚好被也在食堂吃饭的张勇看到了。张勇什么也没说,走过去夹起掉在桌子上的菜吃掉了。就在这名员工惊得目瞪口呆的时候,张勇一把拿走了这名员工没吃完的饭。

海底捞的管理者也经常在张勇巡店的过程中挨骂,公司越做越大,越来越正规,管理制度和流程也必然会不断增加,前期不符合制度的事情就会凸显出来。只要看到不满意的地方,张勇就会发作,就连北京大区经理袁华强,也对张勇的责骂十分忌惮。

不过,最经常被骂的当然是和张勇接触最多的人,比如海底捞唯一的副总杨小丽。

有一年,张勇组织海底捞的高管到高原旅行,众人都陶醉在美景之中,非常放松,杨小丽也特别开心,顺手就从道旁摘了一把小花。没想到,这束花成了点燃张勇暴脾气的导火线。

“高原上这么冷,环境这么不好,这些花长起来容易吗?这么轻易就被你给毁了。这么不珍惜生命,素质真是太低了。”一路上,张勇一直在叨叨这些话,杨小丽在其他同事面前哭了一路。所有人都不敢吱声,旅行的好心情早已消失得无影无踪。后来,张勇终于意识到自己过分了,于是又走上前去把杨小丽逗乐了。

人非圣贤,孰能无过,张勇有时候也会骂错、冤枉别人,这时,他就会及时地采取补救措施,比如给对方送上一箱她最爱的冰激凌,或者安排个闺密同事去开导对方。

即使没有机会见面，只要张勇在总部得知某位高管出了错，就会让他到总部，给他讲讲问题。犯了错的管理者要自掏腰包飞到总部，食宿和喝咖啡的钱也要自己出，这被张勇称为“喝咖啡制度”。

如今，责骂已经成了海底捞的一种文化。海底捞员工谈张勇对下属的责骂时说：“骂你，说明重视你；骂你，你才能进步。我们的优点是愿意挨骂，缺点是不会辩解。”从这句话就能看出，在员工心中，挨骂不要紧，关键是要骂得对，他们才服气，拿捏住分寸才能真正起到作用。

“金无足赤，人无完人”，再优秀的员工也会有犯错误的时候，现代企业倡导人性化管理，但这并不是说不能批评。批评对每个人来说，都是一种惩罚。从心理学上讲，惩罚是消除一种不被允许的行为的方法。作为企业管理者，批评不是问题，关键是什么时候批评，对什么样的人批评，批评的方法是什么。

在实施批评过程中，管理者首先要做的是肯定员工所做的事情中好的部分，也就是说，在批评之前先进行表扬和肯定。美国著名企业家玫琳凯就经常采取“先表扬，后批评，再表扬”的做法。要明确、直接和客观地指出对方的不足或错误。管理者在批评员工时一定要尊重客观事实，批评错误的行为，而不是针对个人。批评要尽可能以友好的方式结束，管理者可以进行鼓励或提出希望，微笑着说“我相信你会做得更好”或者“我期待看到你在工作上有更出色的表现”等。

批评的功能是促使下属进步，所以在批评的实施过程中要注意对人的培养。成长性是个人在组织中追求的一个目标。这种境界的提高，往往能够消除员工受到批评以后的不良情绪，让他动力更足。

管理者切记，不要将批评当作个人情绪的发泄。如果仅仅是为了发泄不满情绪，那这个批评将毫无意义，因为你不能通过批评得到什么,反而会不利于将来工作的开展。

管理者应掌握的四大批评技巧。

(1)批评要秘密进行

当众批评会增加员工的心理负担。正确的做法是和他单独交谈,让他体会到管理者对他的关怀,进而使他愿意正视自己的问题与错误。但并不是所有的批评都要秘密进行,当其他人在未来工作中有极大可能重复犯同一个错误时,领导者就需要公开批评,以起到警示作用。

(2)批评要直接

管理者常见的批评误区是力求自己的批评之词尽可能委婉。许多管理者因为担心被员工视为尖酸刻薄的主管,因而在批评员工时,总会再三斟酌用词,希望让批评的话语较不具杀伤力。事实上,正是因为用词委婉,批评的效果才会大打折扣。正确的做法是根据实际情况,提出具体而正确的做法。

(3)批评要当面

人后不说闲话,批评也是如此,对员工的批评一定要当面指出。这样,管理者的意见和态度才能让员工非常清楚地了解,同时也有助于彼此交换意见。如果在背后进行批评,很容易引起误解,不仅有损领导自身形象,还会激发新的矛盾。

(4)批评时要恰当用词

恰当用词表现在两个方面:一是不要使用戏谑言辞。管理者以严肃的态度予以批评时,反而较容易为员工所接受;如果管理者使用戏谑的口吻,很容易会被下属误解为讽刺。二是不要冷言冷语地批评。管理者不要讽刺挖苦、侮辱人格,也不能嘲笑对方的生理缺陷,否则批评不仅没有成效,反而会适得其反。

4.运用尊重来培养员工的幸福感

无论社会地位高低，每个人都渴望被尊重和关心。但要想得到尊重，就必须靠自己的智慧和汗水去拼出一片天地。海底捞的员工大多来自农村，没受过什么教育，张勇不希望自己的员工一辈子只能在社会的最底层，不希望员工的后代重复这样的命运，所以，他建立了一个给基层员工带来关心、帮助和成长的组织。

2006年，张勇成立了海底捞工会，他说，工会是海底捞的先进组织，集合的是海底捞最优秀的一批人。工会的工作就是关心和帮助同事，在他们头疼脑热时给予关心和慰问是最基本的，更为重要的是，要给员工提供一个可以改变命运的通道。方法就是想办法让海底捞的人气更旺，海底捞的规模不断扩大，就会有更多的分店，也就能给更多的人提供工作岗位，让更多的人生活得更好。这是一种真正意义上的关心。

工会会员还负责培养员工的兴趣爱好。一次，有一位外国顾客到海底捞就餐，其中一位服务员竟然用标准的英语和他攀谈起来，从顾客的脸上就能看出，他对服务很满意。工会得知此事后，专门在公司举办了一次英语口语比赛，为表现优秀的员工聘请外教。

在海底捞，什么样的人才有资格加入工会呢？首先，要符合张勇说的最重要的条件——一个真正善良的人，要心甘情愿地为大家做事，不怕烦琐，真正将关心员工作为一件伟大的事情去做。如果想要加入工会，却不能理解这一点，张勇是坚决不会同意他进入的。即使因为一时疏忽而让不符合条件的人进入了工会，张勇也会想办法将他找出来踢出去。

海底捞工会中的每个成员对员工的关心都不是出于服从命令，而是从心底认识到，不管是谁，都需要关心别人和被别人关心。工会的这种理念也是张勇的生活信念，那就是“人生而平等”。

张勇经常在海底捞的内刊上提到这句话，很多员工也跟着老板学会了这句话，可以说，“人生而平等”改变了张勇的人生观，也改变了很多员工的命运。

“人生而平等”是哲学家卢梭的名言，美国的《独立宣言》中也出现过。张勇一直将这一点作为经营海底捞和工会的信念——所有的人都是平等的，平等地享有关心和被关心的权利。

不管是没读过一天书的农民，还是受过高等教育的学者，在希望被尊重和被关心这一点上，都是一样的。依照心理学家马斯洛的需要层次理论来说，关心和被关心都是我们很重要的需要。尊重能给人以激励的力量，西点将军约翰·斯科菲尔德将军曾这样说：“最好、最成功的指挥官，都是因为公正、坚定，加之和蔼亲切，才得到了其下属的敬重、信赖和友爱。”

通用电气公司曾面临一项需要慎重处理的工作——免除查尔斯·史坦恩梅兹的计算部门主管职务。史坦恩梅兹在电器方面是一等的天才，但在计算部门主管这个位置上却做得很失败。然而，公司不敢冒犯他。为了不触动史坦恩梅兹的敏感神经，公司给了他一个新的头衔——通用电气公司顾问工程师。工作还是和以前一样，只是换了一个名称，并让其他人担任部门主管。

史坦恩梅兹对新头衔十分满意，通用电气公司的高级人员也很高兴，因为他们温和地调动了这位脾气最为暴躁的大牌明星职员，避免了一场大风暴——他们尊重的举措让史坦恩梅兹保住了自己的面子。

在微软计算机软件帝国里，对人的尊重被放在了首要位置，每一个细节都体现着对员工的重视。为了给员工提供自由表达的机会，微软设立了个性化的办公室，设立了弹性工作时间，虽然他们的价值观没有任何的口号和标语，也没有像英特尔那样印在每一位员工的铭牌上，但已经深入到企业生活的点滴之中。每一位员工都对自己的本职工作有着强烈的兴趣，他们各司其职又高度合作，通过不断创新来体现个人价值，对企业的发展形成了推动力量。所以在微软公司，每一位员工都在为实现个人价值、追求顾客满意和承担社会责任而不懈努力着。尊重员工，创造“和”的氛围，为微软带来了强大的“软”实力。

3M公司在尊重员工方面有着一个非常著名的原则：不必询问，不必告知，充分尊重员工的隐私。这个原则就是天条，任何管理者都必须遵守。管理者鼓励员工做他们想做的事，而不要求详细了解员工的工作细节。

可见，成功的团队管理者，都懂得运用尊重，一点一滴地培养起下属的幸福感。

“尊重”这个词听起来、说起来容易，做到却很难。“尊重”是一种很高的修养，是由里而外透射出来的人格，而这种人格是需要修炼积累的，这也是衡量一个管理者是否优秀的标准。

想要做到真正尊重下属，要从以下几个方面做起：

(1)将下属视为合作者

企业是由企业的所有者、管理者与员工组合而成的，大家应该是平等的，只是在工作上扮演的角色不同而已，离开谁都难以成事。因此，管理者应将员工视为工作伙伴，以“同事”来称呼他们。这不仅仅是称谓的问题，更是尊重的问题。

(2)随时肯定员工的成绩

下属在工作中偶尔会出现一些小问题,如果采取严厉责备的态度,就会造成双方的对立。员工在心理上受了委屈,对立的情绪很难消除,在今后的工作中,就会产生排斥情绪。对下属没有了起码的尊重,你和他们的关系就只有命令和无奈接受,充满火药味的工作关系迟早会爆发危机。

(3)给员工属于自己的时间

在许多公司里,大家下班后都不愿很快离开,有些人即使下班后没有事做也要在办公室里多留一会儿。如果是因为工作没有做完而留下来,那理所应当;但没有事情也留在办公室里,表现出一种以公司为家的样子,显然和老板的喜好有关。

老板总是希望员工能加班,希望员工晚上带工作回家做,还希望员工可以为了工作牺牲家庭,甚至希望员工能将工作视为生命的重心。是的,身为管理者,当然要以身作则,树立典范,但不要忘了,以身作则并不代表要以此暗示员工,要求他们做到你所"示范"的每一项事务。大部分员工都希望在工作时能享受工作,有高效的工作效率及贡献,能力受到肯定,得到应得的薪水;下班之后,可以暂时忘掉工作,享受家庭的温馨,与三五好友聊天,参与某些活动。

所以,管理者不要一味地要求员工有着与你同等的工作热情,而应该尊重员工人性的需求,尽量避免在下班后和员工提工作上的事宜。这样可以为员工创造一个相对宽松的工作环境,从而提高员工的工作效率。

(4)尊重个别的差异和不同

在我们的工作场所中充满了形形色色的人,他们的背景、性格、生活经验各不相同,我们要尊重个别的差异和不同并找出共同点。一个好的企业文化能包含不同个性,塑造共同的价值观。人人生而不同,但对工作都会有独特的贡献,切不可只用一种人、一种方法来做事。

身为管理者要学习用不同的方式管理不同的人，要承认人的最大特点就是人与人之间存在差异，克服自己的偏见，这样才能使公司更和谐，更具效率。

5.不放弃团队的短板员工

20世纪70年代，美国著名学者艾尔·赫希曼针对发展不平衡问题提出了著名的经济学“木桶原理”。木桶的装水能力到底由什么决定？一个木桶是由许多木板组成的，如果是一个木板长短不一的桶，这个桶能装多少水，并不取决于长木板的长度，也不取决于各个板的平均长度，而取决于最短的一块木板以及木板之间的结合紧密程度。如果是一个木板长度相同的桶，装水的能力是由木板间的结合紧密程度决定的。

用“木桶理论”来解释影响团队关系的3个因素非常恰当。在影响团队的第一个因素中，决定团队整个水平的关键在于团队中那个能力最低者的水准；在构成团队的第二个因素中，个体之间的关系就好像各木板之间结合的紧密度，如果板条不能扎紧或是出现裂缝以及漏洞，那这个桶也是装不住水的；在第三个因素中，管理者就如同木桶的设计者和制造者，木桶能装多少水与他的关系非常紧密。

如果海底捞的员工像一个木桶，那么短板的员工就是那最短的一块木板。

西安一店油碟房的吴阿姨就是一位短板员工。40多岁的她虽然在海底捞任劳任怨，特别能吃苦，但因受教育程度低、年纪大，所以她能胜任的岗位寥寥无几。在刚进入海底捞的几年里,吴阿姨经常因为勤劳而获得劳模奖。可随着海底捞的发展,人人都在进步,吴阿姨要想继续获得劳模奖就必须做到一岗多能,否则不久的将来,能否留下来都会成为问题。

对于这样一位短板员工,西安一店的管理层没有选择弃用,而是由店经理出面和吴阿姨说明情况,进而全店所有人都帮助她,从认字和磅秤开始。吴阿姨自己回忆说:“那段时间,整个一店的员工都是我的老师,从门迎到后勤,每个人都教我认字认秤。”吴阿姨身上随时带着经理写好的认字卡片,一有空闲就看。店长郭晶晶为了让吴阿姨能够尽快认磅秤,还用复写纸将磅秤图样放大,逐一在纸上标明。为了鼓励吴阿姨,郭晶晶还制定了奖惩制度:若一个月内完成不了认字、认秤的任务,吴阿姨的工资就会降一级;如果按时完成,就有奖励。完成得越早,奖励越高。

功夫不负有心人,吴阿姨在全体一店员工的帮助下,在半个月内就完成了任务,不仅可以认秤,还认识了一些基本的用字。

在海底捞,这样的例子有很多。海底捞对短板员工不离不弃,而这样的员工也会成为海底捞最忠诚的员工。

一般来说,人们在谈论某家店的服务时,很容易因为那一两位短板员工而否定整家店的服务。普通企业为了尽可能地提高员工素质,会选择抽掉短板,重新换一块,原因是企业家们没有耐心等待短板员工的成长和转变,他们希望每位员工都能立马上岗,根本不愿意给短板员工时间。而海底捞的管理层换了一种处理方式,那就是所有人都帮助那些短板的员工,让他们尽快赶上来。粗暴地换掉短板员工,会让其他员工产生兔死狐悲之感。

每个终端门店都有自己的金牌店员,也就是团队中的长板,当然也有起到反作用的短板——问题店员。决定团队战斗力的,往往不是有多少明星店员，而是有多少问题店员。任何一个组织都可能面临一个共同问题，即构成组织的各个部分往往是优劣不等的，而劣势部分又会决定整个组织的水平。怎样解决这个问题呢？

(1)培训团队中的“短板”

对处于“短板”位置的店员进行专业知识的培训，这是增加团队“储水量”的有效办法。劣势否定优势，劣势决定生死，这是市场竞争的残酷法则。门店管理者应该学会用“木桶效应”来管理团队：如果团队中有一根“最短的木板”和集体很不协调，管理者就要尽快将其“做长补齐”。当然，即使是最短的木板也是组织中有用的一部分，并不能随便放弃或者扔掉。管理者要做的就是激励“短板”变成“长板”，这样才能使团队中的所有成员齐头并进，发挥出“1+1 > 2”的效用。换句话说，只有让所有的木板都维持“足够高”的高度，才能充分体现团队精神，完全发挥团队作用，让木桶盛满水。

(2)激励团队中的“短板”

在实际工作中，管理者往往更注重对金牌店员的利用，而忽视了对一般员工的利用和开发。如果将过多的精力放在金牌店员身上，而忽略了占公司多数的一般员工，就会打击团队士气，使团队失去平衡。

有一位华讯员工，工作总是出错。刚巧，摩托罗拉公司需要从华讯借调一名技术人员去协助他们进行市场服务。于是，华讯的总经理在经过深思熟虑后，决定派这位员工去。去之前，总经理只对这位员工简单交代了几句：“出去工作，既代表公司，也代表个人。怎样做，不用我教。如果觉得顶不住了，就打个电话回来。”一个月后，摩托罗拉公司打来电话：“你派出的兵还真棒！”后来，这位员工对华讯的发展做出了不小的贡献。

这个例子说明，注意对“短木板”的激励，可以使“短木板”慢慢变长，从而提高团队的整体工作效率和企业的竞争力。所以，管理者不能只顾激励和赞扬团队中的长板，还要“补齐、补好”那些短板，才能发挥出整个团队的最大价值。

6.把“麻将精神”带到工作中来

在四川这块人杰地灵的土地上，除了盛产美女和美食，还有一样东西是四川人割舍不下的，那就是麻将。外地人去四川，都会被那里铺天盖地的麻将馆所震撼，到了夏天夜里，蝉鸣声、蛙叫声都比不过声声入耳的麻将声，而且这声音会一直持续到后半夜，让你不得不佩服四川人对麻将的情有独钟。

海底捞来自川蜀之地，公司上万名员工有三分之一都是四川人，所以，海底捞不可避免地被打上了四川的印记。但张勇却在海底捞成立之初就定下了铁律：海底捞员工不许赌博，否则开除。对于听着麻将声长大的四川孩子来说，不打麻将的确有些手痒，不过海底捞的工作确实也不允许他们有太多的闲余时间去打麻将，麻将就被暂时放在了心里。不料这一放，反而生出了一个海底捞著名的“麻将精神理论”。

这个理论来自上海五店的年轻员工夏鹏飞，小夏说：“我们四川人喜欢打麻将，我认为只要拿出一半儿打麻将的精神，就一定能把工作做得非常好。”何出此言呢？

首先，麻将不是单兵作战，需要四个人起承转合，互相配合，三缺一没法进行。一般，四个人中的某一个如果有事离开，必须要有另一个人及时补上，才能不至于扫兴散伙。这点在海底捞的工作中就表现为分工之后的协作问题。比如，客人不小心打翻了啤酒瓶，此时服务员是该跑去找正在别处忙碌的保洁员来打扫还是直接自己收拾？类似于这种由于分工而出现的“边缘问题”，海底捞的方式是谁看见了谁就顺手处理掉。

其次，赴麻将局的人一般都不迟到，打牌过程中一般都不上厕所，为什么？这叫牌品。为什么要讲牌品？因为打牌不是自娱自乐，你要有人配合，如果一个人的牌品不好，渐渐地，就不会再有人愿意叫他打牌了。放到工作上，这就是相互之间的监督激励机制。海底捞的员工自觉性非常高，其他饭店里的怕担事儿、互相推诿、占小便宜等状况在海底捞极少发生，这不是由于海底捞的店长监督得力，而是来自海底捞员工之间的互相激励与监督，大家都勤勤恳恳，不好意思偷懒。

再次，打麻将的人从来不抱怨环境的好坏，不管是在有茶有水的棋牌室里打，还是在漏雨的窝棚里打，打牌的心情是没有差别的，而且“夏打三伏，冬打三九”，乐此不疲。这表现在工作中无疑就是员工的敬业精神。只要带着这样的精神去工作，那么厨房太热、上菜太累、保洁太脏等问题也就不再是问题了。

最后，麻将中还有一项神奇的技术，就是摸牌。麻将打久了，眼不用看，手指一摸就知道是二筒还是八万，为什么会这样？两个原因，一个是打得久了，熟能生巧；另一个是心用到了，凡事不怕难，就怕认真。这两点放在工作中也同样适用，那就是把心带到工作中去。海底捞的员工真的是用心在工作，他们的灵活性和激情是永不消退的。而用心工作正是催生创新的最佳途径，这也是为什么海底捞能如此卓尔不群的原因之一。

海底捞的"麻将精神"简单来说就是大局意识、协作精神和服务精神等的集中体现,也就是团队精神。团队精神是企业文化的一部分,良好的管理可以通过合适的组织形态将每个人安排到合适的岗位上,充分发挥集体的潜能。

希尔顿是美国旅馆业巨头,人称旅店帝王。在他的旅馆王国之中,许多高级职员都是从基层逐步提拔上来的。希尔顿对于提升的每个人都非常信任,放手让他们在各自的岗位上发挥聪明才智。如果有人犯了错,他会单独把他叫到办公室,先鼓励安慰一番,再帮他客观地分析错误的原因,并一同研究解决问题的办法。他之所以对员工犯错误采取宽容的态度,是因为他认为,只要企业的总经理和董事会的决策是正确的,员工犯些小错误不会影响大局。如果一味地指责,反而会打击一部分人的工作积极性,从根本上动摇企业的根基。希尔顿的处事原则,使公司的全部管理人员都对他信赖、忠诚,对工作兢兢业业、认真负责。

第一次世界大战期间赴欧作战的经历,使希尔顿深刻地认识到团队精神对一个组织的重要性。当有人后来问他,为什么要在旅馆经营中引进团队精神时,他回答道:"我是在当兵的时候学到的,团队精神就是荣誉感和使命感。单靠薪水是不能提高员工热情的。"

因此,不论是在创业阶段与合伙人之间,还是在企业经营与职工之间,希尔顿总是坦诚相待,发扬团队精神,把所有人拧成一股绳。这种团队精神对希尔顿的事业至关重要,不论是位于德克萨斯州达拉斯的第一家希尔顿酒店建造过程中的资金短缺,还是大萧条时期的困境,团队精神在帮助希尔顿渡过难关时都发挥了重要的作用。

团队精神是很多公司都在刻意追求和培养的,这种意识能使员工工作热情更高，工作体验更深，工作效率更高。

相传，佛教创始人释迦牟尼曾问他的弟子："一滴水怎样才能不干涸？"弟子们面面相觑，无法回答。释迦牟尼说："把它放到大海里去。"一个人再完美，也只是一滴水，而团队就是大海，把自己融入团队，才能永不干涸，更好地实现自己的人生价值。

管理者要让员工认识到，一个人只有融入团队、在团队的帮助下，才能充分发挥潜能，达到个人业绩最大值，更快更好地实现人生价值。如果我们在工作中只知埋头单干，不懂得依靠团队的力量，那么我们的忙碌很可能只是低效率的蛮干。

在2006年1月29日的篮球比赛中，活塞队让"81分先生"科比率领的湖人队俯首称臣。科比比活塞队的任何一个球员都出名，也比活塞队的任何一个球员都强，这场比赛中，科比的得分也很高，没有发挥失常。但活塞队以团队精神著称，他们依赖团队合作战胜了篮球巨星。活塞队的汉密尔顿赛后表示："我们拥有5名球星。如果我们总让五人之一投篮的话，他的场均得分也能够达到30多分，我们能够做到。但我们不这样做，我们知道我们的最终目标是什么，我们要的是总冠军。"

与湖人队相似，很多企业都存在着个人英雄主义。个人品牌大于组织品牌，企业的生命系于董事长或著名经理人身上，这种现象不是企业常青之道。如果想要追求企业的长远发展，就一定要实现组织品牌大于个人品牌。世界著名企业麦当劳、肯德基、可口可乐、百事可乐、宝马、奔驰、大众等，它们的名字远比它们董事长、总经理的名字出名。只有发挥团队中每个人的优势，形成强大的团队战斗力，企业才有可能做强、做大、做久。

韦尔奇曾精辟地指出："一个公司就像一座大楼，它分为若干层，而每一层又隔了很多小格子，我们就是要把这些隔层尽量打掉，让整个房子变成一体。”

在市场竞争中，有冲在市场一线的销售人员，也有在后方从事产品研发的技术人员和从事制造的一线工人。产品是生产部门生产出来的，却是市场部门销售出去的；生产部门是需要“花钱”的部门，市场部门是“挣钱”的部门；生产的资金需要市场部门从市场赚回，但市场部门销售的商品需要生产部门提供……生产与销售，有如后方与前方，又如军队的保障与作战，是两个不可或缺的轮子。

正是这样一个完整的链条，构成了企业参与竞争的全部家底。无论哪个结合部产生了矛盾，都会导致整条战线无法协同共进，让工作的有效落实成为空谈，将所有员工的忙碌变成空忙。

公司的良性运转需要每一位成员的主动投入和出色配合，无论你在企业中充当什么角色，你的每一项工作与同事的工作都有一个接口。这就意味着，只有通过团队协作才能共同把工作做好。

管理者要不断向员工强调团队合作的重要性，促使每一位员工主动加强与同事之间的合作，提高自己的团队合作精神。管理者可以向员工传递以下思想，促使员工提高团队精神。

(1)主动交流

交流是协调的开始，员工之间在经历、知识、能力方面会存在差别，管理者要鼓励下属把自己的想法说出来，并多听别人的想法。

(2)保持乐观心态

即使是在工作上遇到了麻烦，也不要悲观丧气，要积极乐观，管理者要鼓励员工：“我们是有能力的，肯定能把这件事解决好。”

(3)谦虚友善

纵然某位员工在各方面都比同事优秀，即使凭借他一个人的力量就可以解决眼前的工作，管理者也要提醒员工不可过于张狂，要让员工明白，他不可能永远做到独自完成一切。

(4)坦然接受别人的批评

管理者要鼓励员工把同事当成朋友,坦然接受他们的批评。要让员工知道,一个对批评暴跳如雷的人,别人都会对他敬而远之。

(5)注重群策群力

管理者应时常提醒员工,两个人的力量比一个人强,整个团队的力量更强大。如果每一名员工都可以提出令顾客满意的建议,并在其他团队成员遇到困难时及时提供帮助,那团队的业绩必然会更加出色。

(6)相互信任,坦率沟通,正视并解决问题

如果团队中的每一位成员都能主动地表达不同看法,那必定能更加有效地解决问题。例如,一名员工把对优质服务的看法分享给大家,就可以使工作伙伴更加有效地工作。

第八章

关爱之道:把员工当作家人

1.营造家庭幸福感

从街边的一个麻辣烫起家,发展到如今的火锅连锁集团,张勇靠的是“用心”二字。可是,如何让服务员也像自己一样用心呢?毕竟,自己是老板,员工只是做一份工作而已。

张勇的答案是:让员工把公司当成家,他们就会把心放在工作上。一个家庭不可能每个人都是家长,但这并不妨碍大家都愿意为这个家做出贡献,因为每个家庭成员的心都在家里。

那么,怎样才能让员工把海底捞当成家呢?很简单,把员工当成家人。

如果员工是你的家人,你会让他住简陋的地下室吗?不会,可是很多北京餐馆的服务员就是住地下室。海底捞的员工住的都是正规住宅,有空调和暖气,电视电话一应俱全,还可以免费上网。此外,公司还专门雇了人给宿舍打扫卫生、换洗被单。公司给员工租房的标准是步行20分钟到工作地点，因为北京的交通复杂，而服务员的工作时间又很长，若花在路上的时间太长，会影响员工的工作和休息。

如果你的姐妹从乡村初次来北京打工，你一定会担心她们路不熟，容易走丢；不懂规矩，会遭城里人的白眼。于是，海底捞的员工培训不仅有工作内容，还包括怎么看北京地图，怎么用冲水马桶，怎么坐地铁，怎么过红绿灯……

你的姐妹千里迢迢来打工，外甥和侄子的教育怎么办？不把这个也安排好，她们是不可能一门心思地扑在工作上的。于是，海底捞在四川简阳建了寄宿学校，因为海底捞三分之一的员工来自四川。

海底捞不仅照顾员工的子女，还想到了员工的父母。优秀员工的一部分奖金，每月由公司直接寄给在家乡的父母。谁不想孩子有出息？可能衣锦还乡的毕竟只是少数，而公司每月寄来的钱让这些父母的脸上有光彩。中国人含蓄，中国的农民更含蓄，心里骄傲不好直说，却说："这孩子有福气，找到了一家好公司，老板把他当兄弟！"

如果你的姐妹结婚了，你能眼看着年轻的夫妇分居吗？如果妹夫没有工作，你能不替他着急吗？于是，海底捞的人事政策又让人力资源专家大跌眼镜——鼓励夫妻同时在海底捞工作，而且提供有公司补贴的夫妻房。

海底捞的招工程序也别具一格，提倡内部推荐，于是，越来越多的老乡、同学、亲戚一起到海底捞工作。许多公司把亲属回避当作铁律，张勇为什么要反其道而行？因为他知道家人之间不仅有亲情，更有信任。"打虎亲兄弟，上阵父子兵"，绝大部分人在熟人圈里的道德水平比在陌生人群中要高。无师自通的海底捞又胜了一筹。

贴近员工、关心员工在很大意义上就是贴近企业的未来。虽然领导者的谋略至关重要，但要使谋略转化成生产力，就离不开员工默默无闻的细致工作。员工才是工作成绩的真正创造者，尽管领导者可用高压手段迫使员工去服从、去工作，但很可能会激起员工的逆反心理，使之消极怠工或暗中抵制，以致工作效率降低，影响工作目标的实现。

相反，如果领导者能贴近员工的内心世界，真诚地关心员工，把员工的苦恼和难处放在心上，并为其排忧解难，员工必定会对领导者感恩图报，以最大的热情投身工作，竭尽全力为企业创造价值，即使再累再苦，也心甘情愿、无怨无悔。因为他们感受到了来自领导者的尊重与关怀。

在把公司看作大家庭的日本，老板很重视员工的婚姻大事。例如，日立公司内就设立了一个专门为员工架设“鹊桥”的“婚姻介绍所”。一个新员工进入公司，可以把自己的学历、爱好、家庭背景、身高、体重等资料输入“鹊桥”电脑网络。当某名员工递上征婚申请书，他(或她)便有权调阅电脑档案，申请者可以利用休息日坐在沙发上慢慢地、仔细地翻阅这些档案，直到找到满意的对象为止。一旦他选中满意的人，联系人会将挑选方的一切资料寄给被选方，被选方如果同意见面，公司就安排双方约会。约会后，双方都必须向联系人报告对对方的看法。

日立公司人力资源部门的管理人员说：“由于日本人工作紧张，职员很少有时间寻找合适的生活伴侣，所以，我们很乐意为他们帮这个忙。这样做还能起到稳定员工情绪、增强企业凝聚力的作用。”

员工过生日时，你有没有送去一个祝福？员工生病时，你有没有前去问候和探望？员工的家里有难处，你有没有表示过慰问？员工有烦恼时，你是否提出了自己的意见和帮助？这些生活的点滴，虽然与管理无关，却能让员工用心工作。

领导者对员工的关心之情应该发自内心，这是领导者人格魅力的集中体现。善于关爱员工的企业最能鼓舞员工的士气。适时地给员工以夸奖和赞美，在员工取得成绩时向员工公开地、及时地表示感谢，并组织一些联欢活动让员工分享成功的喜悦，对于企业的凝聚力有着不可或缺的重要作用。

在丰田集团，高层管理者大力提倡社团活动，如车间娱乐部、女子部等，促进人与人之间的关系。丰田对社团活动所寄予的另一个莫大期望，就是培养管理者的能力。因为不管社团的规模大小，要管理下去就需要计划能力、宣传能力、管理能力、组织能力等。另外，整个丰田集团的活动也很多，综合运动大会、长距离接力赛、游泳大会等，每月总要举行一项活动。在这些活动中，总经理、董事等管理者只要时间允许，就会参加，与员工一起联欢。所有这一切，都在不知不觉中提高了员工的素质，增进了员工对企业以及管理者的感情。

以下列举的是几个员工情绪低落的特定时期，管理者若能在此时多给予员工关爱，必能感动员工，激励员工为企业全心全意效力。

(1)员工生病时

身体不适时，人的心灵总是特别脆弱，特别需要别人的关怀。

(2)工作不顺心时

因工作失误或无法按照计划进行而情绪低落的时候，对来自别人的安慰或鼓舞的需要比平常更加强烈。

(3)人事变动时

刚刚调来的员工，通常都会有交织着期待与不安的复杂心情，这时，管理者应该帮助他早日消除心中的不安。另外，由于工作岗位构成人员的改变，员工之间的关系也会产生微妙的变化，管理者应注意这一点。

(4)家庭出现问题时

主要有经济方面的问题，如家庭经济紧张，或收入突然减少，或一下子要支付一笔很大的开支而影响了家庭的正常生活等；子女方面的问题，入不了好的学校，成绩差，落榜，失业或闯祸违法等；长辈方面的问题，对夫妻双方的父母照顾不周，或有亲人、朋友去世等；夫妻之间的问题以及突发事件等。

2.关爱员工，让员工把公事当家事

海底捞的员工个个令其他企业羡慕：为什么我的企业中就没有如此尽心尽力的员工？的确很奇怪，张勇为什么总能在茫茫人海中找到那些优秀的海底捞员工？难道他是一眼就相中千里马的伯乐？对于这个问题，张勇自己说："海底捞的员工是一个一个吸引来的。"

海底捞郑州区的总经理冯伯英就是这样一位一直被吸引着的员工。冯伯英在海底捞只有简阳一家店的时候就加入进来了。当年，冯伯英只是个农村来的穷丫头，什么都不懂，张勇不仅不厌其烦地教她，还视她为家人，从不把她当作打工妹看待。冯伯英回忆起那段时光，心中依然充满了温暖。当时，冯伯英父亲刚去世，来自农村的她一直很自卑，可张勇和施永宏从未看不起她，经常带着她去逛公园，到处玩耍。张勇还会带着冯伯英去唱卡拉OK，每到过年，没回家的冯伯英就和张勇他们一起过年，大家一起喝酒、划拳、打麻将，完全像是一家人，根本没有老板与员工的区别。

让冯伯英印象最深刻的是有一年夏天，她生病住院，正巧那天暴雨，整个简阳城内路不成路、沟不成沟，完全没法出门。正当冯伯英一个人在医院伤心的时候，张勇冒着雨，一脚深一脚浅地走到了医院，不顾一身泥水，安慰冯伯英安心养病，不用担心工作的事情。临走时，张勇还留下一笔钱，让她买些营养品补身子。张勇走后，冯伯英再也忍不住，眼泪唰地流了下来。从那时起，冯伯英就下定决心跟着张勇，绝不离开海底捞。

经过这件事情之后，冯伯英总是推荐同乡到海底捞工作，因为她知道海底捞的老板是个什么样的人。张勇也一直支持海底捞的员工介绍自己的亲戚朋友进来，他认为，有了家人朋友的监督，员工工作起来会更尽心。

这就是张勇吸引海底捞员工的秘诀。如果张勇是海底捞团队的核心磁石，像冯伯英这样的人就是周围的小磁石，大磁石吸引着小磁石，小磁石吸引更小的磁石，各个相互吸引，组成了庞大的海底捞员工大军。

海底捞之所以能够成为火锅第一品牌，难以挑剔的服务是最重要的原因。这方面，海底捞员工居功至伟。那变戏法似的餐桌清理，舞蹈般的甩面表演，一路小跑的送菜员，无不给顾客留下了深刻的印象。人们在享受服务之余，难免好奇张勇是怎样做到让上万名员工如此富有激情地工作的。张勇其实早就给出了答案：像对待家人一样对待员工，员工自然就会把海底捞的公事当作家事来做。

这个道理非常简单，相信很多企业家都懂，但为何只有海底捞能够做到呢？恐怕企业家们多是将注意力放在了薪水上，以为给了足够的薪水就能解决问题。其实，薪水只能管住员工的腰包，真正能拴住员工的是感情和心。

在终身雇用成为历史的今天，员工对企业的忠诚度和依赖度大幅度降低。如何在新的环境下吸引人才、留住人才？稻盛先生的经营管理经验可以帮助我们解决这个问题。他的经验是：领导者对待员工要有关爱之心，只有真诚关心和爱护员工，真心为员工解决工作和生活上的困难,用心培养、教育和塑造员工,使他们获得发展的能力、素质,为他们的成长发展创造良好的外部环境,提供施展才华的舞台,员工才会回报给企业充分的信任和忠诚。

如果每个领导人都能够发自内心地关爱员工,以一颗宽容慈爱之心对待他们,关心员工的职业发展,在生活上提供帮助,解决他们的疑难问题,必能唤起大家的工作热情,营造出相互友爱的良好环境。

张勇谈海底捞、员工、顾客三者关系时说:"要想办法让员工把公司当成家,员工就会把心放在顾客身上。火锅是低技术含量的工作,比如,怎么端菜、点火、开门和打招呼,不需要专业技能,一般人稍加培训都能干。只要愿意干,没有干不好的,关键是愿不愿意。大多数服务员是迫于无奈才选择这个待遇低、地位低、劳动强度大的职业,所以干不好。因此,要想让员工干好这份低技能的工作,关键点不应该放在如何培训员工做这份工作上,而要放在如何让员工愿意干这份工作上。只要员工愿意干、用心干,你就赢了!我觉得人心都是肉长的,你对人家好,人家也会对你好。"

3.员工的亲人就是企业的亲人

关心员工可以体现在哪些方面?更高的薪水?更舒适的住宿条件?更好的伙食?更多的尊重和信任?难道这样还不够多吗?够多了,做到这些,已经足以使一家企业成为众多求职者心中的向往,而海底捞做得却总比别人更多,那就是把员工的亲人也当成自己的亲人看待。

海底捞的员工大多是从外省来到大城市打工的农民，他们的家多是在农村，甚至更偏远的山区。而每个员工在外地工作时，最不放心的就是家里的父母和孩子，因此，他们省吃俭用，将每个月薪水的一大半寄回家，只留一点点给自己，还要挤出钱来给家里打电话，时常问候自己的父母有没有按时吃药，孩子有没有好好学习。这一切，海底捞的管理者都看在眼里。

2005年，北京海底捞的员工小王在工作时打碎了盘子，因为她得知自己的老父亲肺病加重，心早已飞回了四川简阳老家。分店的经理知道了这一情况，立刻告之了海底捞的上层经理，上层经理又马上通知了四川海底捞的管理层，四川区的海底捞公司了解了情况后，当即派人来到小王的家中，不但将小王的父亲送往市区医院，还替小王支付了所有的医疗费用。当小王知道这一消息后，感激的泪水夺眶而出，她哽咽地说："以后海底捞就是我的家。"

小王的父亲出院后只对小王说了一句话："你要是不在海底捞干出个样儿来，就别回来见我。"

海底捞除了给员工更好的待遇和福利外，还给了员工另外一件东西，那就是人间真情。千金难买真情意，海底捞给予员工的，是再多薪金也换不来的。

再来看看日本的麦当劳公司是怎么做的。

日本麦当劳有一项自创的制度，就是把员工的生日定为个人的公休日，让每位职工在生日当天都能和家人一同庆祝。在生日当天，员工和家人尽情欢度美好的一天，养足了精神，第二天又精力充沛地投入工作当中。

每一位员工的太太过生日时，都会收到董事长藤田让礼仪小姐从花店送来的鲜花。事实上,这束鲜花的价钱并不昂贵,但太太们心里却很高兴,"连我先生都忘了我的生日,想不到董事长却惦记着送鲜花给我。"藤田经常会收到类似的感谢函及电话。

日本的麦当劳除了6月底和年底发放奖金外,每年4月会再加发一次奖金。这个月的奖金并不交给员工,而是发给员工的太太们,先生们不能经手,员工们把这奖金戏称为"太太奖金"。

除此之外,日本麦当劳每年都会在大饭店举行一次联欢会,所有已婚的员工必须带着"另一半"出席。席间,除了表彰优秀员工,董事长藤田还会郑重其事地对太太们说:"各位太太们,你们的先生为公司做了很大的贡献,我已经做了各方面的奖励。但有一件事我还要各位太太们帮忙,那就是好好照顾先生的健康。我希望把你们的先生培养成为一流的人才,帮助他们实现人生的梦想,从而发展你们家庭的和睦,可是我无法更多地、更细致地兼顾他们的健康,因此,我把照顾先生们身体健康的重任交给了你们。"

听了这番话,哪一位太太不心存感激?而这种感激对一个家庭又意味着什么呢?显然,这种感情投资起到了极大地激励员工、凝聚员工的作用。

优秀的管理者应该懂得对员工进行感情上的投资。为员工多花一点儿钱做感情投资,所得到的回报将远远大于付出,绝对值得一试。感情投资的成本不高,但换来的员工积极性却可以产生巨大的创造力,这是任何其他投资都无法获得的。只有真正获得了员工的心,员工才会全心全意地为企业奉献自己的全部力量。

海底捞有一个家访制度。家访谁?当然是员工。海底捞的员工大多来自农村,这些农村的孩子刚刚成年就来到大城市打工,背井离乡,想家是肯定的,但在外工作不允许总是回家探亲,而许多员工家里还有生病的父母、年幼的孩子。张勇和他带起来的副总、经理们也个个都是农村出来的，这样的草根企业不能忘本。

海底捞每年都会分片区抽调店长以上干部，安排时间去做员工的家访。曾做过员工家访的西安经理杨华说："做员工家访，不仅能够给员工和员工的家人送去温暖，还能对管理层的干部起到很好的教育作用。"

一次，杨华去一位张姓员工的家里家访。杨华一行几人驾车到了小张家所在的县城后，水泥路变成了坎坷不平的土路，再往村里走，车根本就无法通行，他们只好下车提着礼物步行，在连翻过了几座小山之后，才到达小张的家中。眼前的村子极小，只有几户人家，小张家里还有年迈的奶奶，奶奶行动不便，只好叫邻居给杨华一行人做了一顿简单的饭菜。临走时，杨华曾几度落泪。

事后杨华说，"通过那次家访，我更加理解了海底捞存在的意义，只有在海底捞好好干，将生意做好做大，才可能带领这些大山里出来的员工改变他们的命运。"

4.每个员工都是管理者

我们通常认为企业中的管理者就是领导，普通员工只需履行自己职责范围内的责任，按照职责权限去做事就可以了。而且，管理是一件很难的事，不是学管理出身的普通员工根本做不了。实际上并非如此，管理就在我们身边，家庭、学校、朋友、熟人关系等，这些都需要管理。管理不是什么专业，一点也不神秘，它是和我们在一起生活、工作的亲密伙伴，我们每个人每天都在从事与管理相关的工作。

在公司，上下级、同事、客户关系中都有管理存在。公司制订了一个方向和目标，并逐级进行分解，最后细化的目标就是每个员工的工作目标和指标。每个员工在对照自己的工作目标和指标履行工作时，员工自己就是管理者。企业中的每个人都是自我管理者：每个人都要根据公司的目标来确定自己的目标，要在自己的职权范围内做出决策，并为自己的决策负责，承担相应的责任。无论你在什么岗位，只要你是在做决策，要为结果负责，你就是个管理者。所以说，不是到学校学习管理学专业才能做好管理，生活中处处都有管理知识，通过实践与总结也可以做好管理。

让员工把自己当作一名管理者，他就会从企业的利益出发。

在海底捞，员工总是保持着无比热情、充满活力的工作状态，他们脸上的表情显示着他们在享受这份工作。海底捞究竟用了什么魔力，竟让这些来自不同地区、背景、学历的员工有着同样的表情？这引来了许多人的关注，特别是一些企业，他们试图挖掘出其中的秘密为自己所用。其实，海底捞文化的实质是充分调动员工的工作积极性，发挥员工的主人翁精神，对员工本身没有固定的条条框框的限制。这样的企业文化是海底捞通过给员工人性化的关怀，通过最大的授权，通过给员工提供家人一样的温暖氛围与待遇等做到的。

海底捞领导层对人才非常重视，除了职位得到晋升，被提拔为管理人员的员工能够参与公司的管理，一线普通员工也能得到机会参与到公司的日常管理工作中。一位公司的管理者说："公司领导层很懂得放权。在这里，有一项制度很特别：各部门的经费由自己独立管控。也就是说，除了统筹管理的高层领导，各部门就像一个小公司，是独立经营管理的个体。如何经营管理好自己的部门，每位员工都有话语权。这在生产系统也不例外。"在海底捞，每位员工都能对企业运营的各个方面提出自己的看法，在如何节约开支、如何创收、如何合理地分配部门经费等相关问题上，每一位员工都可以支招。

任何一个层次的管理者若不负责地开展工作，都会影响整个企业和整个体系的运行实施，使出现问题的可能性增多。把自己当成管理者，就是要求每个层次、每个岗位的管理者都认真履行自己的岗位职责，实现与公司的共赢。让员工成为企业的管理者，意味着每个人都将这个企业当成自己的企业，把管理好一个企业作为自己应尽的责任。

让企业中的每个人都成为管理者，不是一件容易的事，这需要公司充分信任员工，给员工一定的权力，尤其是公司领导。

为了更人性化地管理公司，丰田公司开创了一种管理职能系统——TPS。公司与其用“预算”“奖励”“任务”等手段去要求员工为企业的利益着想，倒不如将思考和追求最佳答案的权利交还给员工。

这个系统就是“三个臭皮匠，顶个诸葛亮”“一切为了团队”等集体主义的心智模式。在TPS中，员工不是照章操作，而是要反复问自己、问同事为什么。每个人都享有独立思考的权利，自然也就有了追求最佳答案的权利和责任。丰田公司的领导者深知，只有集思广益，才能取得更好的发展。若人人都只把自己当作员工，那意义就大不一样了。员工的任务就是工作，工作是为别人而做；事业不同，事业是为自己而做。公司要相信并尊重每一位员工的意见和建议，不管最终有没有采纳，都要给员工一个解释。这是互相尊重的体现，是让员工产生企业责任感必不可少的过程。

让每位员工都能行使管理者的职责是对员工的尊重、信任、善待。在这样的企业文化里，每一个人都是平等的，只不过担任的角色不同。授权意味着人人都相信他们处在组织的中心而不是外围，人人都觉得他们在为总体努力的成功做出贡献。得到授权的个体知道,他们所做的一切是有意义、有价值的。他们会表现出决断力,会承担起责任并在一种相互尊重的文化中工作。在这样的氛围中,他们无须通过层层审批就可以采取行动,实现目标。得到授权的组织可以营造和保持信任,让他们的组织结构扁平化,并鼓励全系统范围内的沟通。

在个人责任方面,态度才是内在的动机,要用改变员工思维的方式来激励他们,并充分地授权给他们、信任他们,让未来的组织基础不再是职位,而是互信和诚信。因此,不仅每名员工要增强"人人都是管理者"的意识,管理好自己,企业也要采取方法,调动员工作为管理者的主动性和积极性。这样,员工才能看到自己未来的希望,并把自己的未来和公司的未来紧紧联系在一起,为公司做出更大的贡献。只有每个人都管理好自己的那片领地,企业才能运转顺畅,各项发展目标才能得到顺利实现。

松下幸之助说过:"当我的员工有100名时, 我要站在员工最前面指挥部署;当员工增加到1000人时,我必须站在员工的中央,恳求员工的鼎力相助;当员工达到万人时,我只要站在员工后面,心存感激即可。"作为领导者,最重要的工作是让自己变得"可有可无",这个过程就是领导力成为企业文化的过程。管理权并不是领导者个人特点的产物,而是组织或者单位规范、习惯以及角色定义的产物。组织或者团队成员可以共享领导力,而不仅仅只有一个人能用领导的权力来指挥下属。反过来,这种共享可以帮助发展其他团队成员的能力,使团队整体更有效地结合运作。

5.给员工备好“嫁妆钱”

在海底捞有个人尽皆知的规定：在海底捞做店长超过一年以上，不管出于什么原因离开海底捞，就算是被竞争对手挖走，海底捞也会给8万元的补贴。

对此，张勇的解释是：“海底捞工作太繁重，能在海底捞做到店长以上的，对海底捞都有相当大的贡献。所以，不论因为什么原因走的，我们都应该把人家的那份给人家。小区经理走，我们给20万元；大区经理以上走，我们会送一间火锅店，差不多800万元。”

在海底捞，奖惩机制分明，只要员工做得优秀，就一定会得到晋升或者奖励，因为这是张勇对每一位员工郑重承诺过的。在海底捞，经常可以看到二十几岁的未婚年轻女孩做店长，就是因为她们工作努力，得到了张勇兑现的奖励。海底捞的员工都把店长离开时的8万元补贴生动地叫作“嫁妆钱”。

海底捞的这一规定尽显人情。做任何企业，都不能忽略对员工的激励和鼓舞。一位企业家曾说过：“爱你的员工吧，他会百倍地爱你的企业！”员工只有被管理者的真诚所打动，才会以自己的实际行动来回报企业。

1993年，一场经济危机对美国造成了巨大冲击，全国上下一片萧条。

此时，位于美国加利福尼亚州的哈理逊纺织公司同样遭受到了冲击，更为不幸的是，公司接着又遇到了火灾，绝大部分财产都被这场无名大火化为了灰烬。为此，公司所雇用的3000名员工被迫回家，悲观地等待公司破产的消息和失业风暴的来临。

谁知，员工们在经历了无望而又漫长的等待之后，却意外地接到了公司董事长亚伦·博斯发给每个员工的一封信，宣布向公司员工继续支付一个月的薪金。在这种情况下，能有这样的消息传来，令员工们深感意外。在万分惊喜之余，员工们纷纷打电话给董事长亚伦·博斯，向他表示感谢。

一个月后，正当员工们陷入下个月的生活困境时，他们又接到了公司董事长发来的第二封信，公司再向全体员工支付一个月的薪金。员工们接到信后，已不光是感到意外和惊喜，而是热泪盈眶。

可许多人对此并不理解，亚伦·博斯的一位朋友还打电话给他，建议他别感情用事，批评他缺乏商业头脑。

此时，失业大潮正席卷全国，无数人正为生计发愁。作为噩运当头的哈理逊纺织公司的员工，能得到如此照顾，无不满心感激。第二天，这些员工怀着"给我滴水之恩，定当涌泉相报"的心情，自发地组织起来，涌向公司义务清理废墟，擦拭机器，有些员工还主动去联络一度中断的货源。员工们纷纷使出浑身解数，昼夜不停地卖力工作，拿自己当公司的主人，恨不得一天干两天的活儿。

三个月后，奇迹出现了，公司重新运转了起来。就这样，这家纺织公司很快起死回生。如今，哈理逊公司已名列全美纺织企业榜首，成为美国最大的纺织品公司，分支机构遍布世界各地的60多个国家和地区。

正是亚伦·博斯热爱员工，善待员工，处处为员工着想，才有了后来的绝处逢生。

在现代社会，企业要想调动员工的积极性，让员工尽心竭力地为公司服务，就要让员工感受到管理者对他们的关爱和重视，金钱或物质的激励只是一种形式，其中饱含的感情才是分量最重的。

一个懂得关爱自己员工的管理者，他的人格魅力是崇高的，他所领导的企业也将大有所为。

6.人才比利益更重要

“千军易得，一将难求”，人才永远比眼前的丁点儿利益更宝贵。

海底捞刚进京开店的时候，遭遇了不测，好不容易由区域经理谈下来的店面，被不法之徒摆了一道，骗去了整整300万元。由于对方是行家里手，早在合同上设了圈套，钻了法律的空子，即便告上法庭也是无济于事。当时负责此事的主管经理怒火攻心，食不下咽，甚至想通过非法的手段报复对方。

张勇得到消息后也如晴天霹雳，因为当时的300万元，几乎是海底捞在北京的全部启动资金，而张勇并没有将责任怪罪到那个主管经理头上，而是在电话里对经理说：“你们想去拼命，难道你们的命就值300万元吗？别想那些没用的，赶紧干点儿正事吧！”

随后，张勇又想办法从别处筹集资金，并再次把钱交给了那位主管经理，让他再找店面。经理接到命令后，得知张勇非但没有怪罪自己，还继续任用自己、相信自己，感动得热泪盈眶。

企业对于人才是否重视，重视到何种程度，直接关系到这个企业的发展壮大。

福特公司是世界上的汽车业巨头，该公司的特点之一，就是非常器重人才。

一次,公司有一台马达坏了,所有的工程技术人员都无法修好它,只好另请高明。请来的人叫思坦因曼思,原是德国的工程技术人员,流落到美国后,一家小工厂的老板看重他的才能雇用了他。

福特公司把他请来后,他在电机旁听了听,之后要了一架梯子,一会儿爬上去,一会儿爬下来,最后在马达的一个部位用粉笔画了一道线,写上几个字:"这儿的线圈多了16圈。"果然,把这16圈线圈一去掉,电机立即恢复了正常运转。

通过这件事,公司总裁亨利·福特对这个人非常欣赏,一定要他到福特公司来。而思坦因曼思却说:"我所在的公司对我很好,我不能见利忘义,跳槽到福特公司来。"

福特马上说:"我把你供职的公司买过来,你就可以为我工作了。"

福特为了得到一个人才,竟不惜买下了一家公司。

再来看看惠普。

1938年,凭着借来的1538美元,两个年轻人——惠莱特和普克德创立了惠普公司。

惠普公司从创立之初就有一个坚定的信条:人才等于财富。因此,惠莱特和普克德做得最多的事情,就是让员工感受到惠普对他们的重视。

在惠普成立后不久,正在图发展之际,一批军事订单送上门来。大家兴奋异常,摩拳擦掌,如果把这个活拿下来,公司效益马上就能翻几番。但谁也没想到,惠莱特说:"这批订单,我们不接!"

大家都愣住了:"这可是一批高利润的订单。"

"这个我比任何人都清楚,但不接就是不接!"

许多人都猜不透惠莱特的想法，普克德却了解这个志同道合的伙伴的心思：公司人员较少，加工这批订货要临时增添12个人，合同完成后就要立即裁减，这不符合他们“决不轻易辞退”的用人原则。

惠莱特和普克德看重每一个员工，所以对公司员工坚持“一经聘用，绝不轻易辞退”的原则。他们不会因为眼前的利益而不顾员工的价值，因为他们认为，看重员工，倚重员工，带来的价值是长期的，这不是一笔高利润的订单可以比拟的。

凭着这样的信念，惠普走到了今天，并最终挤进了世界500强的行列。

如今，不少公司对待人才持功利主义态度，有了难题或者大的项目，才想到重用人才，而平时则对员工待遇不屑一顾。人才一旦出错，做出了对公司利益有损之事，管理层便会“秉公执法”，奖励是偶尔的，惩罚却是一次不少，尽显企业的功利和吝啬。这样的企业，即使牌子再大，也会日渐丧失人心；即使有人才在其中任职，也不会想多做贡献。这不仅仅是人才的悲哀，也会使企业迅速陷入自食其果的不幸之中。

所以，想让公司得到长足的发展，在对待人才上就要将目光放长远。

7.承诺一个美好的未来

服务行业的工作量大，很辛苦，作为餐饮行业的领军者，海底捞的工作量就更大了。每天连续工作12个小时对海底捞员工来说是很正常的事情，虽然只是在店里来回奔跑，但折合成里程数也能够达到10公里，而且，他们的吃饭时间不固定，需要视顾客的就餐情况而定。海底捞的工作不但在体力上有考验，员工在心理上也要承受巨大的压力，不仅要对临时出现的情况及时做出反应，还要忍受偶尔出现的刁钻顾客。与其他店不同的是，海底捞还要求服务员要在最短的次数内记住顾客的口味和习惯，这对他们的记忆力和专注力也是一个极大的考验。

一天连轴转工作下来，就是机器人也会变得不那么灵活，但海底捞的员工却能够始终如一地保持饱满的工作热情和发自内心的微笑。他们的工作和奋斗不是为了下一顿能吃个饱饭，而是为了明天能有更好的未来，这种未来是张勇对他们的承诺，是看得到、摸得着的承诺。

有顾客曾经记录过海底捞的一名擦鞋匠。

在海底捞等待座位的时候，一个小个子擦鞋匠主动上来询问是不是需要服务，经过同意后，擦鞋匠边擦鞋子边和顾客聊天，就像朋友一样讲他自己的故事。

虽然别人看不上他做的工作，赚得也不多，他也不算海底捞的正式工，但他一直相信，只要自己干得好，就有机会去做服务员，再去做领班，他甚至给自己规划到了经理。听张勇老板讲的话和周围人真实的故事，他相信，虽然现在的日子不好过，但终有一天，他会拥有自己的房子和车子。只要他在海底捞好好奋斗，就一定会有一个美好的未来。

当人们问海底捞的员工为什么这么卖力时，他们会说，因为“生意好了，我们就好了”。当人们问张勇是怎么把员工培训成这样的，他并不认为这是他培训的结果，只是十几年的海底捞发展事实，让他们相信“海底捞好，他们就好”。相信凭着自己的双手也能过上好日子，相信没文化没背景也一样能成功，相信终有一天能过上自己梦想的生活，这就是张勇给海底捞员工承诺的最好的未来。

海底捞每年也有一定的流动率，但只要是留下来的，都对公司有着很高的忠诚度，他们相信自己能在这里拼下一个美好的明天。张勇用承诺一个美好未来的方法留住了万千员工。

企业之间的竞争归根结底是人才的竞争。在这个员工跳槽频繁、缺乏忠诚度的年代，企业中的经理人正在绞尽脑汁地提高员工的忠诚度，以确保企业可以长久平稳地发展。

为了保证员工的忠诚度，企业应该着力避免以下情况：

(1)重承诺，轻兑现

如果一个企业缺失信誉，又怎么能让自己的员工有信誉呢？很少有员工可以持续留在一个从不兑现承诺的企业，甚至，如果最后的结果与之前的承诺截然相反的话，会使员工对企业越来越不信任，直至完全失望。企业对员工不忠诚，又如何能要求员工对企业忠诚呢？

(2)薪酬设计不合理，难以彰显公平性

企业总想用最少的报酬雇用最优秀的员工，但在目前日益完善的人才市场上，这种可能性不大。各项调查结果显示，薪酬是员工离职的首要因素。许多员工离职后都反映，如果薪酬可以做到公平、公正、公开，他们就会继续留在公司。可见，企业不公平的薪酬标准会使员工慢慢失去积极性，日渐怠慢工作，而怠工的这一部分员工，往往是企业的中坚力量，因为他们多数人都做着同一部门中最苦最累的工作，但付出与收获却不成正比。这样发展下去，势必会造成员工流失。

(3)员工在企业内缺乏安全感

企业的领导不要经常将“你要是不做,还有大把人抢着做”“你要是做不好,我就炒了你”之类的话挂在嘴边,这样会让员工缺乏存在感和安全感。企业应该多鼓励员工,而不是仅仅关注业绩,在企业快速发展的同时,也为员工谋取福利。领导者可以最大限度地让员工为企业谋取利益,但不要对员工造成权益上的侵害。过度透支员工的精神和体力,并总以各种各样的话语来伤害员工、胁迫员工,在这样的企业中,员工离职率必然很高。

(4)缺乏完善的用人机制

企业应让每一个员工各司其职,在其能力范围内做好自己的工作,各得其所。采用透明的用人机制,有助于企业和员工之间建立起最起码的信任,让员工觉得这个企业需要自己,自己的苦和累会有人看到。否则,就会致使员工的忠诚度下降。企业不停地忽视员工的成就,使得怨愤慢慢积累,员工离职也就是早晚的事情了。

(5)沟通渠道不畅通

信息的沟通非常重要。领导者不知道自己的员工心里有什么意见、有什么需求;员工感受不到今后的发展前景,看不到企业为自己制订个人培训及发展规划,也看不到企业的经营状况。这样持续下去,员工将无法继续对企业保持信任,他们感受不到企业对自己的关心,觉得自己创造出来的价值和成就得不到重视,自己只是企业中一个可有可无的人,如此,员工忠诚度自然会降低。

此外,企业要在招聘员工时就为员工的忠诚度打好基础,在聘用员工之前,就和应聘者进行深入沟通。因为很多时候,应聘者与企业之间的信息是单向透明的,企业对员工了解太多,但员工对企业却没有什么深入的认识。因此,如果企业决定聘用应聘者,就应将企业的相关情况如实相告,并给他一个再思考、再选择的过程,不要让他进行过多盲目的想象,否则,在他发现现实和预期不一样时,就会对公司的绩效产生不良的影响。

三流的企业提供薪水，二流的企业提供职位，一流的企业提供梦想。海底捞为每一位员工提供了他们能够得到的最大机会，正是有了这样的机会，他们才会在海底捞扎下根来，用十二分的努力去工作、去拼搏。因为他们知道，这里有他们真正想要并且可以得到的东西，那就是通过努力实现自己的价值、改变自己人生命运的希望。

第九章

成长之道:独一无二的海底捞

1.海底捞的起源发展

改革开放后,重庆火锅红遍大江南北,但正宗的重庆火锅一直发展得比较保守,技术向来不外传,一直以加盟的形式发展。加盟费少则几万元,一些大品牌的火锅店加盟费则要上百万元,而且店面都有严格的规定,营业面积少则百十平方米,多则几千平方米。不谈装修款,光是店面租金和加盟费,就将中小投资者拒之门外了。

所以,一些没有雄厚资金,初来创业的中小投资者将做法简单、经营成本较低的麻辣烫视为创业的首选。海底捞的创始人张勇是土生土长的四川人,麻辣烫自然是他创业起家的首选。在开业一年后,几毛钱一串的麻辣烫让张勇赚了近万元。同一年,张勇和朋友合作投资,在麻辣烫店的基础上开了一家川味火锅店,起名"海底捞"。当时,位于四川简阳市简城镇四知路二楼的小火锅店内只有6张小火锅桌,营业面积仅有47平方米。

创立之初，火锅店生意并不好。几家老牌火锅店掌握了大多数的客源，而海底捞没什么特色，他们都是一边看书学习，一边慢慢研究火锅该如何做。不论是口感还是规模，都没法跟那些店比，所以，海底捞在开业之初很少有人问津，偶尔有几个顾客光顾，但回头率很低。然而，张勇等人并没有放弃，他们每天都反复研究火锅底料的配方，无数遍地炒制底料，自己品尝后又对用料的比例和火候进行调整。渐渐地，海底捞的味道变得越来越正宗。

但这还不足以让海底捞在这个小镇里站稳脚跟，争取更多的回头客才是长久发展的关键。可能是张勇清楚地知道自己的店在味道上的欠缺，所以，他非常重视到店每位客人的意见并热情地为顾客服务。有一天，一拨客人光顾海底捞，张勇等人为其提供了无微不至的服务，结账时客人表示："海底捞很不错，以后会常来。"这让张勇喜出望外，可他尝了一下火锅的味道，似乎没什么太大的变化，张勇当时想可能是他们的服务赢得了客人的认可。就这样，海底捞有了自己招牌的接待动作：右手抚心，腰微弯，面带自然笑容，左手前伸请客人进店。

不断提高的火锅技术及周到的服务，使海底捞在当地越来越有名气，客人也越聚越多，营业规模随之逐渐扩大。到1997年，海底捞的营业面积扩大到了1500平方米，成为了简阳市知名的火锅店。在1998年8月，海底捞在简阳市丝棉小区开了第一家分店，经过几年的努力，海底捞在简阳市已经是家喻户晓。

经过几年的摸索，海底捞已经初步形成了自己的特色，领导者对经营餐饮也有了一定的经验，所以，海底捞决定走出四川，逐步将自己的火锅店推向全国。迈向省外的第一步尤为关键，经过一番考察，海底捞省外的第一站选在了陕西西安。当地以花样繁多的小吃而闻名，餐饮消费市场非常广阔，在这里开火锅店很有潜力。1999年，张勇同西安的朋友在雁塔区开了海底捞的分店。2000年4月，四川省简阳市海底捞餐饮有限责任公司西安分公司成立。这次试水成功,增强了海底捞公司打开全国市场的信心。他们稳步向前,于2003年进军郑州,迅速占领市场,消费者反映非常好。

良好的发展势头让海底捞公司决定在全国几大一线城市成立分店。2004年,四川省简阳市海底捞餐饮有限责任公司北京分公司成立,并在大慧寺路开了京城首家海底捞分店。北京是中国的政治文化中心,北京人又喜欢火锅,因此,除了传统的涮羊肉,各种地方风味的火锅都汇集京城。想在北京这样汇集各色美食的大都市中占有一席之地可不是一件容易的事,市场虽然大,但竞争也非常激烈。

北京的海底捞分店为了增强其竞争力,推出了更多的精品菜肴,在食材的选择上更加精细,同时也更加注重品牌特色。许多来到这里的顾客都会被其中某种独特的口感吸引,例如,海底捞的虾滑得到了许多人的喜爱,它的口感细腻顺滑,不失弹性,味道够鲜,即使浓重的火锅汤料也掩盖不住它鲜美的味道,几乎成了来这里吃火锅的客人必点的菜。另外,在现代都市里,精神文化更受大家关注,商家提供的服务也成了竞争输赢的关键。海底捞的服务不仅周到,还很创新。每位顾客从下车到坐到位子上,一路都有人接待,让人有宾至如归的感觉。如果顾客过生日,海底捞就会送抻面和水果拼盘,而且水果拼盘会根据不同的顾客做不同的拼摆。如果是女性顾客或是小朋友过生日,服务员端上来的拼盘可能就是小兔子图案,十分贴心。

就这样,海底捞在北京的名气越来越大,随后相继在北京开了几家分店,牡丹园店、劲松桥店、北奥店、白纸坊店等。到今天,海底捞在北京已经有了十几家分店。成功进军北京市场后,2007年年初,海底捞上海分店开业迎宾。现在,海底捞在沈阳、天津、北京、上海、南京、杭州、西安、郑州等各大城市均设有分店。

拥有几十家门店的连锁规模的餐饮企业在中国有很多，有的餐饮连锁店规模超过一千家，在这方面看，也许海底捞不算什么，但它历经十几年的磨砺，逐渐形成了自己的风格和特有的品牌，完全称得上是中国商界的传奇。打造优秀的企业文化，将海底捞开向全国，推向世界，这是海底捞不懈追求的目标，就像海底捞自己的广告语所说的那样："好火锅自己会说话。"

2.不满现状，奋发向上

在张勇看来，勤劳的双手和积极的心态能够改变一些先天不足的东西。事实上，正是这个贯彻始终的价值信仰，让一批又一批未受过良好教育的青年转变成务实能干、举止得体、热情真诚的员工，从而牢牢抓住了顾客的心。

北京八店的张海霞是在2006年加入海底捞的。以前，她连小饭馆都没进过，对火锅也知之甚少，甚至连基本的菜品也只认识三四个。刚来的时候，她不知道同事是什么，事情也做不好，总是提心吊胆，害怕自己被淘汰，没钱供养孩子。慢慢地，在店长和同事们的帮助和鼓励之下，她在海底捞学会了坚持与努力。现在的张海霞已经懂得如何和同事相处，懂得操作电脑，对各种菜品更是熟稔于心。

在海底捞上班虽然辛苦，但张海霞干劲儿十足，对生活充满了信心与希望。以前为生计愁眉不展的张海霞，现在甚至开始懂得照顾自己和享受生活了。休假的时候，她不再待在家里睡懒觉，而是出门和朋友一起打球、逛街。

贫穷的人生是不完整的。人会因为没有钱,为了生计而去做自己不喜欢的事,即使有远大的抱负,也得为五斗米而折腰。有句名言说:“一个有钱人辛辛苦苦地积累着财富,但当稍有一点放松,他就会受到奢侈品的诱惑。一个穷人辛苦地工作以维持他微薄的生活,当他放松一下,就会发现自己无法生存。”

不满足于现状,奋发向上,是发家致富的动力。引导你赚钱的最佳动机,应该是不愿过“单调无意义的生活”,想过“更充实、更华丽的生活”。

巴拉昂曾是一位媒体大亨,以推销装饰肖像画起家,从贫穷到富贵的蜕变,他只用了短短的10年时间,10年之后,他已跻身于法国50大富翁之列。1998年,他因前列腺癌在法国博比尼医院去世。临终前,他留下遗嘱,把4.6亿法郎的股份捐献给博比尼医院,用于前列腺癌的研究;另有100万法郎作为奖金,奖给揭开贫穷之谜的人。

其遗嘱刊出之后,媒体收到了大量的信件,有的骂巴拉昂疯了,有的说是媒体为提高发行量在炒作,但多数人还是寄来了自己的答案。

在这些答案中,很多人认为,穷人最缺少的是金钱,这个答案占了绝大多数。有了钱就不再是穷人了,这似乎是不需要动脑筋就能想出来的答案。也有一部分人认为,穷人最缺少的是帮助和关爱,人人都喜欢关注富人明星,对穷人却总是冷嘲热讽。另一部分人认为,穷人最缺少的是技能。现在能迅速致富的都是有一技之长的人,一些人之所以贫穷,就是因为学无所长。还有的人认为,穷人最缺少的是机会。一些人之所以穷,是因为时机不对,股票疯涨前没有买进，股票暴跌后没有抛出。总之，穷人都穷在没有好运气上。另外还有一些其他的答案，比如，穷人最缺少的是漂亮，是皮尔·卡丹外套，是总统的职位，是沙托鲁城生产的铜夜壶，等等。总之，答案五花八门。

那么，正确答案是什么呢？在巴拉昂逝世周年纪念日，他生前的律师和代理人按巴拉昂生前的交代，在公证人员的监督下打开了那只保险箱，在48561封来信中，有一位叫蒂勒的小姑娘猜对了巴拉昂的秘诀。蒂勒和巴拉昂都认为，穷人最缺少的是野心，即成为富人的野心。在颁奖之日，媒体带着所有人的好奇，问年仅9岁的蒂勒，为什么能想到是野心。蒂勒说："每次，我姐姐把她11岁的男朋友带回家时，总是警告我说不要有野心，不要有野心，我想，也许野心可以让人得到自己想得到的东西。"

巴拉昂的谜底和蒂勒的回答见报后，引起了不小的震动，这种震动甚至超出法国的范围，影响到了英国和美国。一些好莱坞的新贵和其他行业几位年轻的富翁，在就此话题接受电台的采访时，都毫不掩饰地承认：野心是永恒的特效药，是所有奇迹的萌发点；一些人之所以贫穷，是因为他们有一种无可救药的弱点，即缺乏野心。

张勇在一次采访中说：

我们的双手是可以改变一些东西的。

海底捞的企业文化就是双手改变命运。关心员工成长是我们过去十几年的原则，基于自己的理想，我们提出了"双手改变命运"，我想这是放之四海而皆准的。多年来，我一直在创造这么一个平台，在企业里弘扬这么一个东西。

餐饮是一个完全竞争的行业，消费者体验至关重要。我们在很早的时候就非常重视顾客满意度，而顾客满意度是由员工来保证和实现的。所以，我们确立了“双手改变命运”的核心理念来凝聚员工。想借此传达的是，只要我们遵循勤奋、敬业、诚信的信条，我们的双手是可以改变一些东西的。员工接受了这个理念，就会认可我们的企业，就会发自内心地为顾客付出。我们在服务上的创新都是员工自己想出来的，因为他们深受“双手改变命运”这个核心理念的鼓舞。

一个无法回避的事实是，我们绝大多数员工来自农村，他们有一个共同的特征就是没有受到良好的教育，因此不可能像公务员和白领那样过上体面的生活。在陌生的城市，他们几乎没有任何有效的方法受到这个社会的尊敬，所以，他们必须竭尽所能地去改变。否则，一辈子都要在社会最底层，他们的后代也将重复同样的命运。

人的一生应当不断向上，不断寻找新目标。一个具有崇高生活目标和思想目标的人，毫无疑问会比一个根本没有目标的人更有作为。那些志存高远的人，所取得的成就也必定远远高于起点。即使我们的目标没有完全实现，而为之付出的努力本身也会让我们受益终生。

3.天道酬勤，成功离不开敬业

如今，人人都知道海底捞厉害，海底捞的服务员更是个个以一当十，见识过海底捞“变态服务”的网友曾说：“他们（海底捞的员工）简直是在用生命做服务员啊！”没错，如果说“三百六十行，行行出状元”，那么，在服务员这个行业，海底捞该是今天当之无愧的状元郎。

但世人只看到光鲜荣耀的一面，却很少提及每一个状元背后所经受的辛苦和艰辛。海底捞的服务员也是普通人，他们不比其他饭店的服务员聪明、有觉悟，也没有受过高人一等的教育，他们今天的一切都是靠付出了比常人多几倍的汗水换来的。

在海底捞做服务员是很辛苦的，虽然住宿条件不错，但在那里睡觉的时间要比其他饭店的同行少许多。新来的员工都要经过严格培训，符合标准才能上岗，海底捞一直不鼓励半吊子的实习生去直接服务顾客。在海底捞，凡事都讲究快，但快的同时还不能出错，出错就得自己承担。在晚上海底捞人声鼎沸的时候，常能看到上菜的服务员一路小跑，因为在饭店吃饭最忌讳的一点就是上菜太慢，海底捞坚决杜绝这一点。因此，刚来没多久的服务员经常会被磨得脚上起泡。为此，海底捞特意为服务员配发了上百元的运动鞋，即便如此，服务员的鞋磨损得也极快。

饭店里的工作时间都比较长，从临近中午开始忙，到晚上很晚才打烊。一般的饭店都在晚上11点左右结束营业，但海底捞经常因为生意过于火爆而延长营业时间。有的顾客因为知道晚上海底捞不容易订到座位，故意晚一点再来，这样一来，海底捞的服务员们也就只能“舍命陪君子”了。

在海底捞，每天工作12个小时是常有的事，而且海底捞重视员工培训，即便是正式上岗的老员工，也会在下班后被组织起来加强学习。

努力工作，你不一定会获得成功；但如果你工作不努力，就一定无法成功。

美国百货公司总裁道格拉斯年轻时天资并不高，却坚信自己的勤奋努力能够获得成功。他在百货公司的采购部门找到了一个职位后，就非常勤奋而刻苦地工作，没日没夜地设法找到供货最便宜的供应商，买进上百种公司急需的货物。道格拉斯所干的采购工作也许并不需要特别的专业技术知识，但他兢兢业业、勤勤恳恳地为公司工作，节省了许多资金，成绩是有目共睹的。在他29岁那年，也就是他被指定采购公司定期使用的约1/3的产品的第一年，他为公司节省的资金已超过80万美元。公司的副总经理知道了这件事后，马上就为道格拉斯加了薪水。道格拉斯在工作上的刻苦努力，博得了高级主管的赏识，使他在36岁时成为了这家公司的副总裁，年薪超过50万美元。

道格拉斯对待工作的踏实与激情，不一定适用于每一个人，但在很多情况下，他努力刻苦的精神是值得我们每一个人学习的。

当这个社会越来越趋向于知识化、便捷化，越来越多的人认为，与其付出辛苦的汗水，不如找到一个巧妙的捷径，更快地接近成功。而捷径并不好找，即便找到了捷径，前方的道路也不一定会走得更踏实。

敬业精神是需要培养和锻炼的。审视一下自己，如果你发现自己的敬业精神不够，那就发挥自制力，以认真负责的态度投入工作中去，经过一段时间后，更好的薪金和晋升就可能会眷顾你。

勤劳生活，敬业工作，或许不能立即为你带来可观的好处，但可以肯定的是，倘若你不具备这些，就不要奢望成功，也许连保住眼前的工作都成问题。

天道酬勤，海底捞今日的成功离不开全体海底捞员工的巨大付出。想要做一个行业的佼佼者，超出常人的辛苦是必须的。

4.看到就做，服务不分你我

海底捞的管理素来以灵活著称，而海底捞的服务更是毫不拘泥于制度。在海底捞人的观念里，只要是为了让顾客满意，一切制度都是可以变通的。在海底捞，制度为人服务，一切以顾客为主。

比如，海底捞的餐厅很大，一般都设有几个不同的区域，每个区域有专门的服务人员负责。但"分地不分家"，不管在哪个区域，只要看到顾客有需求，每个服务员都会立即亲自上前为顾客排忧解难，而不会让顾客去找相关的负责人。不光是不同的服务区域，就连不同的工作岗位之间，为了服务顾客，也是完全可以打破界限的。帮厨的可以帮着上菜，打扫卫生的可以帮忙为顾客引座，服务生可以为顾客跑腿买店内没有的东西……只要是为了服务顾客，只要看到顾客有需要，海底捞的全体员工都时刻准备着。

成功的企业大都是相同的，海底捞的这一作风与世界五百强沃尔玛公司的一项服务制度不谋而合，不同的是，沃尔玛将此制定成了一项制度，而海底捞则完全是自发的。

在沃尔玛公司，有一条"十步服务原则"，即无论何时，只要顾客出现在自己的十步距离范围内，员工就必须看着顾客的眼睛，主动打招呼，并询问是否需要帮忙。

这一原则由山姆·沃尔顿首创。他在密西西比大学读书的时候，决定竞选校学生会主席。他为自己找到了一条迅速提高知名度的捷径，就是对在校园里遇到的每一位学生，在他们开口之前先跟他们打招呼，并尽可能与他们交谈。他说："如果我认识他们，我会主动叫他们的名字并打招呼；即使我不知道他们的名字，我也会主动打招呼。”就这样，没过多久，山姆·沃尔顿就成了大学里认识学生最多的人。在竞选的时候，这些人都认出了他，都把他当成自己的朋友，结果，他如愿以偿地当选为主席。后来，山姆·沃尔顿把这一成功经验带入了他的商业帝国，并加以完善，使之成为了独具特色的企业文化的一部分。

每个沃尔玛的员工都被要求宣誓：“我保证对十步以内顾客微笑，并且直观其眸，表达欢迎之意。”在员工培训时，公司甚至要求员工微笑的标准是上下露出8颗牙齿。沃尔玛这样告诫第一次进店的员工：“顾客来到商店，是来给我们付工资的，无论如何，我们都要好好对待顾客，尽力帮助顾客，永远要走到顾客的身边，问他们是否需要帮助。”

沃尔玛力图让顾客在每一家连锁店都感到“这是我们的商店”，都会得到“殷勤、诚恳的接待”，以确保“不打折扣地满足顾客的需要”。正是“事事以顾客为先”的点点滴滴，为沃尔玛赢得了顾客的好感和信赖。

沃尔玛的“十步服务原则”其实就是对顾客做出的一项超额服务，相比于大多数企业的回应式服务，主动向顾客提供服务更容易得到顾客的青睐。海底捞和沃尔玛一样，也将这种主动式的超额服务提到了日程上来，并作为一项重要的企业文化，深入每个员工内心，让员工成为企业的形象宣传者，这样不但会赢得顾客的称赞，更为企业本身确立了良好的口碑。

看到活儿就去做，不管那是不是自己负责的区域，也不管那是不是自己分内的工作。正是因为有这样一群勤劳无私、视服务顾客为己任的员工，海底捞才能年年在消费者对餐饮行业的评选中独占鳌头。

5.善用榜样的力量

从过去的追星族到今天的粉丝，这个群体可以称得上疯狂，他们追求生活上、工作上与偶像的接近，为之迸发出平时少见的能量，这就是榜样的力量。

在海底捞没有偶像，但是有一群被人景仰的榜样。他们和普通员工一样从基层做起，经过磨炼和奋斗后，他们成为了海底捞大家庭中的精英，管理着庞大的队伍，过着大家向往的体面又富裕的生活。不用张勇树立典型，他们自然地成了海底捞员工的榜样，比如袁华强。

2000年，袁华强中专毕业，被学校推荐到了海底捞，从小就经常干农活的袁华强顺利通过了面试，成为了一名传菜员。即使有过下地干活的经验，但每天跑来跑去对袁华强而言也不是件轻松的事。他咬着牙坚持了3个月，转到了门迎岗。袁华强不但干活积极，还能帮客人解决困难，特别是看小孩这种“苦差事”，他可算是得心应手。到最后，不管是小孩儿还是家长都和他成了好朋友，三天两头来找他玩。

之后，他又被派去做了会计。半年后，店里缺少一个领班，袁华强便被叫到这个岗位上当差。领班的薪水没有会计多，他心里很不舒服，怎么越干钱越少呢？此时，袁华强动了辞职走人的念头。最后，还是一个顾客开导他，告诉他领班是个管理岗位，这个位置是很有发展前景的。

袁华强想通以后，就不停地努力，很快就成为了店长。他开动脑筋，努力创新，在店里推广普通话和家政服务。鉴于他的出色工作，张勇把他调到了郑州做店长。但是这一次，求快心切的袁华强忘记了"求稳"，遭遇了重大的管理挫折，张勇把他痛骂了一顿。

这次挫折让袁华强再次产生了离开的想法，还是张勇推心置腹地和他谈了一次，才让他又重新振作精神。最后，袁华强成为了北京大区经理，这一年，他还不到30岁。

一个农村走出来的孩子，从基层岗位做起，6年时间成为大区经理，这听起来就非常振奋人心。杨小丽、林忆、谢英这些人也一样，他们不是英雄，不是偶像，却是激励海底捞员工往前走的精神力量。

榜样的与众不同之处，表现在以下几个方面：

(1)具有积极向上的活力

有活力的人，性格通常都外向、乐观，他们善于与人交流，总是满怀热情地开始新一天的工作，很少会在中途显出疲惫。他们不抱怨工作的辛苦，热爱工作，也懂得享受。

由这样一类人组成的团队，必定也是积极向上、充满活力的。若团队中的绝大多数人都能保持积极乐观的心态，员工们便能在开心、融洽的氛围中工作，即使遇到了困难，也能一如既往地微笑面对。

(2)具有决断力

对于同一件事情，每个人都有自己不同的看法。一些精明的人能够从各个角度来分析问题，但是，有决断力的人知道什么时候应该停止评论，即使他并没有得到全部的信息，也能够迅速做出决定。

(3)具有执行力

执行力是什么？说通俗一点，就是主管发出的指示，要不折不扣地立即去执行。对于主管的决定，要先执行，事后再进行相应的评估与改进。

执行力是一种专门的、独特的技能，它意味着一个人要知道怎样把决定付诸行动，并继续向前推进，最终实现目标，其中还要经历阻力、混乱，或者意外的干扰。有执行力的人非常明白，“赢”才是结果。

(4)具有激情

所谓工作激情，是指对工作有一种衷心的、强烈的、真实的兴奋感。充满激情的人特别在乎(发自内心地在乎)同事和朋友们是否取得了成功。他们热爱学习，热爱进步，当周围的人跟他们一样时，他们会感到极大的兴奋。那些富有激情的人并不是仅对工作感到兴奋，他们对周围的一切都充满热情。

(5)具有激励别人的能力

企业是一个团队，崇尚集体作战，不欢迎单打独斗的英雄。团队成员都是平凡人，如果团队成员能团结得像一个人，那么，即使团队成员都是平凡人，也能做出不平凡的事情。激励别人并不是只会做慷慨激昂的演讲，而是需要对业务有精深的了解，并且掌握出色的说服技巧，创造能够唤醒他人的氛围。

榜样能够在不同的场合采用不同的方式激励大家。他们不会只用空洞的说辞，而是设身处地地为大家着想，站在大家的角度提出改进意见和努力方向。

激励过程是一个外在管理资源到内心资源开发的过程，“被感知”是激励的内在要素，应不遗余力地做到以下几点：

第一，具体而恰到好处地表达与传导感染力，也就是在沟通中把被感知的需要，通过符合企业的需求及考虑员工个人情况进行回馈的过程。

第二，在找到彼此认同的着力点后，关键的一点就是给员工以尽可能大的发展空间。这个空间，是员工得以充分展现自己才华的空间，是能够负责完成某件事的空间，是自我发挥并得以实现结果的空间。当然，这个空间还包括合适的引领、辅助和支持。

第三，必须让下属明白，只有不断努力，才能获得成就。对于下属的努力，领导者应该给予报酬，以支持其不断向目标迈进。

张勇说："在我看来，每个人都有理想，虽然他们中的大多数人来自农村，学历也不高，但他们一样渴望得到一份有前途的工作，希望和城市居民一样舒适体面地生活。他们也愿意为追逐梦想而努力，用双手改变命运。我要让他们相信，海底捞这个平台是能够帮助他们实现这个梦想的。只要个人肯努力，学历、背景这些都不是问题，他们身边榜样的今天，就是他们的未来。"

6.没有最好，只有更好

一直以来，海底捞对顾客满意度的专注在业界都是有口皆碑的。在海底捞，即使排队等候也不会让人焦急难耐，反而感觉充满了乐趣。但是，在张勇看来，海底捞只是做了一个火锅店该做的事情，远远没有大家口中所说的那么好。这不仅是张勇的谦虚之言，更是他对服务满意度的极致追求。

如果你在经营一家餐厅，给你100万元做营销，你会怎么做？有人可能会买进黄金时段几秒钟的广告，有人会邀请知名艺人代言产品，有人会将餐厅大堂装饰得金碧辉煌，还有人会挖来知名餐厅的某某高管。但是，这些都不能成就一个顾客盈门的餐厅。正如张勇在接受采访时所说的那样："顾客的满意度是花钱买不到的。"

海底捞总是会站在顾客的立场去满足他们的需求。点餐的时候，服务员发现很多顾客点的菜品种类很多，但到最后几乎每份菜都有剩余。针对这种情况，海底捞推出了半份菜和拼盘，一方面，顾客能尝试更多的菜品，另一方面，又能减少浪费，让人感到无比贴心周到。

曾经有顾客反映海底捞的免费豆浆口感不好，因为豆渣太多了。于是，海底捞立刻着手改进并推出了更多的免费茶水供顾客选择。有人说海底捞的口味一般，于是海底捞积极对火锅底料的制作流程进行优化，目前已经推出9种不同口味的汤底，可谓是酸甜苦辣，一应俱全。

对于那些故意刁难的顾客，海底捞的员工也是心平气和，好言相对，冷静处理他们的无理抱怨，力求做到让他们无可挑剔。有一次，一位顾客用餐结束后，服务员按照惯例送上果盘。顾客看了一眼，不悦地大喊道："西瓜？不行，老子要吃橙子！"服务员一听，这可真是为难了："对不起，本店现在没有橙子。"可是，这位顾客依然不依不饶："没有就去买啊，吃不到橙子我是不会埋单的。"

服务员面带微笑地回答道："对不起，我们每天提供的免费水果是不一样的。如果您这么喜欢吃橙子，下次您过来的时候，我们一定专门替您准备。"

这位顾客还是不为所动，继续无理取闹："别跟我废话，你赶紧给我去买。"服务员只得去请示店长，店长想了一下，对服务员说："让他冷静一下，过几分钟再去问问。如果他执意如此，你就去给他买橙子。但是无论怎样，千万不能发生正面冲突，这对我们店的影响不好。"面对这样言语粗鲁、故意刁难的顾客，海底捞的员工仍然表现出了友好的态度，最后成功避免了争执。

张勇认为："在海底捞就餐，一定会有好和坏两种不同体验……我们会竭尽全力，努力改进。因为我们除了开火锅店，啥都不会。"

"因为网络的关系，大家现在提起海底捞，都觉得很神奇，好像海底捞很好。但如果你抱着这种想法来，肯定会失望。网上表扬的是我们的服务态度好，其实态度没有什么不好的。你到别人的饭店去吃饭，难道别人会把你往外推吗？没有一家是这样的，你凭什么说比人家服务好？服务态度只是服务好中一个很小的环节，我们理解的是包括口味、环境、食品安全等很多因素，服务是一个综合的东西。"

"海底捞的服务也是一个表面现象。尤其在店面扩张、员工增多之后，通过层层组织结构的递减，最终会变成另外一个东西。而且海底捞的服务真就那么好吗？肯定没五星级酒店好，只是顾客的需求没那么高。但说多了，有时就会晕，以为自己真是最好的。"

服务无小事，态度是关键。

十一国庆节期间，吕先生和他的女朋友要去青岛旅游。到了青岛以后，吕先生选择了一家高级宾馆，因为他想让自己的女朋友享受周到的服务，免得因为一点小事破坏了旅游的情绪。

吕先生把行李放到宾馆以后，带着女朋友去小吃街逛夜市，由于坐车太累，两个人吃了一点儿东西就回宾馆了。回到宾馆的时候才9点多一点儿，因为吃了点辣的东西，觉得口干舌燥，吕先生就想喝点热水，但当他拿着水杯接热水的时候，竟然发现一点儿都放不出来。宾馆外面明明写着从早上6点到晚上10点免费提供热水，而现在才9点多，竟然没热水了，真让人生气。

吕先生想，今天或许是有什么特殊情况，不想太过计较，免得让这一点儿小事破坏自己的心情。于是，他去外面买了两杯热牛奶。喝过牛奶后，他们便休息了，想着明天起早一点儿，去看看青岛的其他景点。

第二天，吕先生6点半就醒了，他每天起来都习惯先喝一杯热水。可当他拿着水杯去接水时，宾馆依旧没有热水，他顿时火冒三丈。他很想搞清楚到底是怎么回事，于是决定去找服务员。谁知一个服务员都没有，没办法，他只好按照门牌标志来到服务员房间的门口。

“谁啊？这么早就敲门，到底有什么事啊？”从房间里传出了服务员带着睡意的声音。

“现在怎么没有热水啊？我还等着用呢！”吕先生虽然很生气，但他还是压制住了自己内心的怒火，用平静的语气问道。

“就这么小的事也至于来敲门，现在还早，过一会儿就有了。”服务员认为这些都是小事，根本不用放在心上。

“你们的服务就是这么做的吗？连最基本的按时提供热水都做不到，其他的我也不说了，你把押金退给我就行了，我现在就搬出去。”吕先生这时已经彻底被激怒了，他一分钟也不想在这里待了。服务员为了挽留住客户，马上把热水送了上来，但为时已晚，吕先生坚持要退押金搬走。万般无奈之下，服务员只好把押金退还给了他。

上述例子中，服务人员以为没有提供热水是小事，却从来都没有考虑过，在顾客的眼里，按时提供热水是一项最基本的服务，连这样小小的需求都无法满足，顾客怎么可能相信你呢？

市场的竞争日益激烈，当产品、环境、技术和竞争对手已无太大差异的时候，唯一能让顾客感受到不同的就是你对他的态度。想让顾客满意，你就需要在提供服务的过程中摆正自己的心态。

首先，顾客第一。在顾客提出要求和需求的时候，要放下自己的身段，付出自己的时间和精力，敞开心扉为顾客着想，帮他们解决烦恼和问题。

其次，注重每一个服务细节，力争做到最好。服务质量的高低，往往能从一些不起眼的细节处体现出来。或许顾客最需要的就是你恰巧忽略的一个细节，如果你没做到，那你的服务在客户心中就会降一个等级。因此，想让顾客百分百满意，就必须注重每一个细节。

再次，要把顾客的每一件事都放在心上。顾客是你主要的经济来源，是给你发工资的人，所以，顾客的事永远不是小事，要认真对待顾客所提出的问题，对自己做得不足的地方，要认真地向顾客道歉，争取得到顾客的谅解。千万不要以为自己都是对的，一切问题都出在顾客身上。如果总是抱着这样的心态，就会发生上述案例中的后果，让到口袋中的钱又飞出去，这是非常不明智的。

最后，主动征求顾客的意见，让顾客主动提出来自己还有什么需求，然后再按照顾客的需求，尽力把自己的服务优化。这样，不仅能提高自己，更能让顾客满意。用完善的服务打动顾客的心，顾客才会给你第二次合作的机会。

7.独一无二的海底捞

海底捞自1994年成立，经过多年艰苦创业，不断进取，团结拼搏，发展到现在，成为了拥有数万名员工、几十家直营分店、直营店经营面积超过5万平方米的餐饮连锁企业。比海底捞规模大的餐饮连锁企业有很多，却只有海底捞成为了业内“学管理、学营销、学服务”的标杆。海底捞火了，很多企业前来学习，其中不乏百盛中国这样的餐饮巨头。很多学者都试图解读海底捞的成功秘诀，据说北大光华管理学院的两位教授为了对海底捞进行深入研究，甚至还派人到海底捞"卧底"当服务员。

海底捞成为了人们心中当之无愧的餐饮业领导者，有人甚至发出了"人类已经无法阻挡海底捞"的赞语。网上有人发了这样一条微博："朋友与太太去天津海底捞庆祝结婚纪念日，然后被服务员听到了对话。最后，服务员站成一排对着他们唱《爱你一万年》，人类已经无法阻止海底捞了……"有的网友还称自己点了海底捞的外卖，说见到海底捞的外卖被震撼了！送来的有垃圾桶、可降解垃圾袋、锅、底料、汤、围裙、筷子、碗、口香糖、爆米花、真空包装的调料（包括香菜和葱花）、餐巾纸、各种菜品、勺子、眼镜布、皮筋，甚至还有电磁炉……最后写下了这样一个结尾："人类已经无法阻止海底捞了，快来海底捞吧！"海底捞，似乎真正成了"人类已无法阻挡"的大众餐饮品牌神话。许多网友虽然没有接触过海底捞，但基于网络上各种神乎其神的关于海底捞的宣传，网友们都对海底捞充满了期待。

之后，在网上炒得沸沸扬扬的海底捞神话越发不可收拾，还有人说在海底捞吃过饭后想打包带走没吃完的西瓜，服务员却上来阻拦说："切片的西瓜是不能带走了，你可以带走这个。"说完便递上来一个完整的西瓜。这种关于海底捞的"传说"后来演变得越来越夸张，竟然有人说当要打包带走没有吃完的羊肉时，服务员同样上来阻拦说："先生，羊肉不能打包，你可以牵走一整只羊。"网上这种造假吹嘘的炒作让海底捞的领导者十分头疼。这几年，海底捞不再是一种品牌，而成为了一种象征。"我把自己都说晕了，有什么好说的呢？餐饮无非是味道好、环境好、服务好，很简单的道理。"对于网上的传言，张勇显得很无奈。

参考一个成功模式需要与时俱进。海底捞起家的时候，四川已经有许多百年老店经营得有声有色，这些店都有自己的独家秘方和招牌菜来招揽顾客，而那时的张勇对火锅的制作可谓一窍不通，但是，张勇并没有去找一位有多年经验的火锅师傅，他想做出自己的特色。所以，他借鉴了海尔的成功案例，把重点放在了服务上。

1995年，海尔提出“五星级服务”，宗旨是：用户永远是对的。即用户就是衣食父母，只要能够不断给用户提供最满意的产品和服务，用户就会给企业带来最好的效益。海尔坚信，服务的好处不仅仅在于眼前的收益，更在于赢得用户长期的信任感。而要赢得长期的信任感，就必须先树立“用户永远是对的”的观念，做到“零距离”服务。

海尔人一直在创造感动。创造感动，就是对工作充满激情，就是不断满足用户的个性化需求，就是用“心”工作，对产品用心，对用户用心。想顾客所想，真诚地为其服务，才能感动顾客。正如国际著名咨询公司兰德公司专家所言：“在海尔的国际化进程中，一定会以一个不断创造感动、极具凝聚力和创新变革的品牌形象，启动美好未来！”海尔正是凭着五星级服务模式所形成的品牌特色和凝聚力，打败了无数竞争对手。今天的海尔已经成为家电行业的佼佼者。海底捞创新性地把海尔的五星级服务方式吸收进了自己的服务里，让顾客在海底捞感受到什么叫五星级的服务标准。比如设立顾客等位区，提供美甲、擦皮鞋、上网、各种免费饮料等，让顾客最反感的“等座”变成了一种特殊的享受。作为服务行业，服务的质量当然是第一位的，海底捞引进了海尔的人性化服务模式，结合自己本身的特点，形成了海底捞式的特色服务。

海底捞的成功离不开其独特的成本模式和特有的企业文化。张勇用“双手可以改变未来”的信念，让海底捞这艘大船成功远航。

如今，大家都在向往成功，所以一些人的成功经验会被大家争相传颂，这些成功的经验或许会让后人少走一些弯路。但是，一种成功的模式只能是在特定时间、特定条件下才会形成。即便是一个被其他企业证明了十分成功的商业模式，如果生搬硬套，盲目复制，好运也不一定会降临在你身上。所以，对于模式，不要过度迷信，更不能完全复制，要以此为借鉴，灵活运用。